经济学学术前沿书系
ACADEMIC FRONTIER
ECONOMICS BOOK SERIES

经验与典型
青海省精准扶贫典型个案研究

张　明◎主编

经济日报出版社

前 言

脱贫攻坚取得了举世瞩目的成就。从2015年开始，基于我国贫困地区的发展现状，以习近平同志为核心的党中央提出了打好脱贫攻坚战的战略，并出台了相关政策，提出了具体的实施目标。党的十九大报告指出，“确保到2020年我国现行标准下农村贫困人口实现脱贫，贫困县全部摘帽，解决区域性整体贫困，做到脱真贫、真脱贫”。同时提出“实施乡村振兴战略，要坚持农业农村优先发展，建立健全城乡融合发展体制机制和政策体系，加快推进农业农村现代化”。脱贫工作关乎民生大计，精准扶贫是实现乡村振兴的前提条件与重要步骤。乡村振兴战略的提出，对我国精准扶贫工作提出了新挑战和新要求。而由于自然条件与生态环境的制约，作为西部欠发达的多民族聚居省份，青海省面临的扶贫问题较为复杂，贫困具有范围广、程度深、成本高、难度大等特点，脱贫任务艰巨。自脱贫攻坚战打响以来，青海省按照“四年集中攻坚，一年巩固提升”的总体部署，紧紧围绕“两不愁三保障”的目标，以“1+8+10”的政策体系为牵引，有力推进精准扶贫、精准脱贫等政策的实施，并进一步细化扶贫工作的实现路径，通过健全政策体系、创新扶贫机制、构建平台载体等方式，青海省整体脱贫攻坚成果显著。

精准扶贫作为总体性、全局性的扶贫理论框架，需要各地区从实际出发，在顶层设计的指导下发挥能动性。地方政府针对不同区域的资源优势和发展特色，采取相应的扶贫政策，有针对性地对扶贫对象进行分类指导与帮扶，最终形成了地方特色扶贫经验与模式。作为精准扶贫的重点地区，青海省省情特殊，贫困类型较为典型，集中了西部地区、民族地区、贫困地区的复杂情形，脱贫工作面临一定挑战。

因此，为打赢脱贫攻坚战，维护民族团结与社会稳定，青海省结合本省自身发展实践，充分利用本土产业优势，积极探索出了精准扶贫的可行路径，走出了适合本省发展的特色扶贫道路。青海省以政府政策为保障，加大扶贫投入；以科学确定特色产业为前提，完善相关利益联结机制；创新扶贫方式，推动产业的融合发展。在深化精准扶贫理论认识的基础上，将“精准扶贫”与“产业扶贫”深度融合，拓展产业扶贫范围，建立“造血模式”来代替以往的“输血模式”。具体包括易地搬迁、新能源、乡村旅游、生态畜牧业、拉面经济、电子商务等产业扶贫方式。同时因地制宜，将特色产业方式作为实施重点，帮助贫困地区利用当地特色资源发展优势产业，开发民族特色品牌，打造了一系列特色产品，既促进了贫困地区的经济发展，又进一步深化了民族地区产业实践的经验研究。

随着扶贫工作的不断深入，在精准扶贫、精准脱贫核心思想的指导下，青海省各地区在产业扶贫实践中进行了多种模式的探索，社会经济发展取得了显著成就，农村脱贫工作取得了重大成绩。“精准扶贫”和“产业扶贫”相结合的扶贫模式在全省得到了有效推广，成为助力脱贫攻坚的重要推手。回顾和总结青海省扶贫工作经验，完善的制度保障、多维度的产业项目和精准识别的特色资源是其脱贫工作取得成效的关键。青海省政府将复杂性问题与挑战转变为多样性的优势，弥补发展短板，揭示与分析扶贫工作中需要解决的若干问题，构建起差异化发展的创新典型，开创了具有前瞻性的扶贫模式，充分彰显了智慧与责任。从自身发展来看，稳定脱贫长效机制的建立有利于带动贫困人员脱贫致富和稳定发展，这既解决了经济贫困的客观难题，切实提高了人们的生活水平；同时经济发展方式的转变，也优化了产业结构与人口收入结构，激发了贫困人口的内生动力，促进青海省经济社会和生态环境的可持续发展。此外，贫困问题一直以来是各国政府长期关注的焦点与难点，缓解贫困是各国政府长期致力于实现的主要目标之一。

青海省民族地区特色产业帮扶经验的凝练，是国家贫困治理体系的重要表达，为民族地区的脱贫工作提供了理论与经验的支持。同时也是中国特色扶贫开发道路的重要内容，为中国的扶贫实践积累了丰富的经验，有利于全人类反贫困工作的有效推进。

吴春宝

2020 年 11 月 31 日

目　录
CONTENTS

第一章　易地搬迁扶贫

引言

第一个百年奋斗目标，即到 2020 年全面建成小康社会，而全面建成小康社会的标志性指标之一就是农村贫困人口实现真正脱贫。也就是说，对农村贫困人口特别是贫困地区的农村贫困人口实施精准扶贫并使之精准脱贫，我国才能实现全面建成小康社会的目标。而青海省是我国精准扶贫的重要战场，加快精准扶贫建设对于青海省实现全面小康具有重大意义。而精准扶贫的目标是实现真正的贫困地区人口脱贫，因此青海省实现贫困地区易地扶贫搬迁才是精准扶贫的第一步，怎样实现易地扶贫搬迁地区人口的真正脱贫，才是精准扶贫的终极目标。

所谓易地扶贫，可分为搬迁地区和迁入地区。从搬迁地区来看，是由于搬迁地区环境恶化或者没有足够的资源来维持居民生活和其发展；从迁入地区来看，对迁入地区进行系列考察，并根据考察的研究方案进行建设，以达到地区和谐稳定发展，即建立起一个迁入地区域和原住区域居民和谐共存的新地区，并且新地区具备自我发展能力。①

经过四十多年的发展，改革开放为中国的经济注入了很大的活力和动力，我国经济快速发展，人民的生活水平也在不断提高，但是城乡差距、贫富差距也随之拉大，尤其是贫困人口依然很多。面对这样一个大问题，我们党和政府不忘初心，始终把人民的幸福放在首要位置，习总书记自 2013 年在湘西考察时首次提出精准扶贫后，全国自上而下就打响了脱贫攻坚战。而易地扶贫搬迁工程，是从根本上解决不适宜生产生活地区贫困人口难以持续发展的重要方式。易地扶贫搬迁是解决“一方水土养不好一方人”、实现贫困群众跨越式发展的根本途径，也是打赢脱贫攻坚战的重要途

① 李延 . 精准扶贫绩效考核机制的现实难点与应对［J］青海社会科学，2016，3：132—137.

径。[①]2015 年 11 月，习近平在中央扶贫开发工作会议上指出：“生存条件恶劣、自然灾害频发的地方，通水、通路、通电等成本很高，贫困人口很难实现就地脱贫，需要实施易地搬迁。”2016 年 8 月，习近平在青海考察时指出：“一定要把易地移民搬迁工程建设好，保质保量让村民们搬入新居。”2017 年 2 月，习近平在十八届中央政治局第三十九次集体学习时讲话指出：“要组织好易地扶贫搬迁，坚持群众自愿原则，合理控制建设规模和成本，发展后续产业，确保搬得出、稳得住、逐步能致富。”2017 年 6 月，习近平在深度贫困地区脱贫攻坚座谈会上指出：“党的十八大以来，我们在全面推进脱贫攻坚的同时，加大对深度贫困地区的支持。”2019 年 4 月，习近平在解决“两不愁三保障”突出问题座谈会上讲话指出：“要做好易地扶贫搬迁后续帮扶，要加强扶贫同扶志扶智相结合，让脱贫具有可持续的内生动力。”2020 年 3 月，习近平在决战决胜脱贫攻坚座谈会上的讲话中提到，960 多万贫困人口通过易地扶贫搬迁摆脱了“一方水土养活不了一方人”的困境。经过七年的不懈努力，扶贫成效显著。但是扶贫过程中始终存在一些难啃的“硬骨头”，这些贫困人口有很大一部分是生活在环境极端恶劣的地区（深山、高寒、荒漠化、水土流失严重等）。对这样的地区而言，传统“就地扶贫”方式不仅难度大还要耗费大量的成本，是脱贫攻坚战中难点中的难点。而易地扶贫搬迁就很好地解决了“一方水土养活不了一方人”的困境”。[②]易地扶贫搬迁在形式上是对人口的大规模迁移，在实质上是将落后地区人口迁移到相对发达地区，以相对富裕地区的经济优势带动其发展。

近年来，易地扶贫搬迁政策工程为青海省贫困农村地区的发展添砖加瓦。易地扶贫搬迁工程作为“五个一批”的重要组成部分，能够有效解决“一方水土养活不了一方人”的困境。随着易地扶贫搬迁工作的深入开展，“搬后怎么办”将逐步成为易地搬迁工作的难点、重点。易地扶贫搬迁工作不是简单的位置移动，正如习近平总书记在青海考察时所强调的“易地

---

① 哈丽云 . 易地扶贫搬迁的新疆实践及后续帮扶研究［J］. 中共乌鲁木齐市委党校学报 . 2021.04:21—27

② 张艺伟 . 易地扶贫搬迁后续发展研究［D］. 郑州大学，2019.

扶贫搬迁不仅要改善人居条件，更要实现可持续发展”。解决好易地扶贫搬迁后续发展问题是决胜易地搬迁工作的关键。”①

一、易地扶贫搬迁的基本情况（个案观察）

青海省是我国西北地区经济较落后省份之一，是全国脱贫攻坚的主战场之一；青海省的贫困具有区域性、民族性、特殊性和综合性的特征，贫困人口点多面广、小集聚、大分散。大多数贫困人口居住在干旱山区和高寒牧区，自然条件严酷，灾害频繁，生态脆弱，交通不畅，产业结构单一，增收空间狭窄，这些地区的贫困人口脱贫对当地政府来说是一项艰巨的任务。青海省玉树州玉树市、果洛州玛沁县、黄南州尖扎县和海东市互助县由于地形限制，大多分布在高山地区和偏远农牧区，人口数量少，将这些贫困地区人口搬入相对富裕的地区，不仅可以节约对于修路和完善基础设施都不产生经济意义也对该地区的未来发展没有多大意义的大量资金，且易地扶贫搬迁可以加快搬迁地区的城市化进程，促进贫困地区融入现代化。②

（一）玉树市日益格易地扶贫搬迁集中安置点

玉树市国土总面积 26.7 万平方公里，占全省总面积的 37.2%；总人口 40.3 万人，其中藏族人口占 98.3%，农牧民总人口 37 万人；辖 1 市 5 县，10 镇 35 乡 4 个街道办，258 个村（牧）民委员会及 49 个社区。其中，囊谦、杂多、治多、曲麻莱 4 个县为国家扶贫开发重点县。2015 年底，精准识别贫困人口 35748 户 11.2 万人，占全省贫困人口的 21.5%；识别贫困村 104 个，占行政村总数的 40.3%。

玉树市平均海拔 4490 米，高寒缺氧，环境的严酷与生命的坚韧在这里形成了奇妙的平衡。因集高海拔地区、民族地区、贫困地区于一体，贫

① 张艺伟．易地扶贫搬迁后续发展研究［D］．郑州大学，2019.

② 何希婷．精准扶贫背景下异地扶贫搬迁的后续发展问题研究［J］．产业与科技论坛，2019，18（20）：243—244.

困面广、贫困程度深、贫困情况复杂，玉树市成为贫中之贫、困中之困地区的典型。9167 户、30571 人的贫困人口分别占全市总户数的 39.2% 和总人口数的 35.5%。这样的贫困比例，在全国深度贫困地区也是少有的。

脱贫攻坚，对于玉树市来说，是一场极其艰难的硬仗。为了有效地改善部分贫困群众的生产生活条件，按照省委省政府的决策部署，玉树州立足州情实际，在省“八个一批”行动计划的基础上，制定了“住房改造脱贫一批”和“教育引导群众合理理财巩固一批”两个一批的计划，形成了精准扶贫“十个一批”专项行动方案。两年多来，累计投入扶贫专项资金 50.2 亿元，大力推进政策落地，扶贫效应逐步显现。

（二）果洛州玛沁县久美家园

玛沁县地处青海省东南部，国家“三江源”生态保护核心区，因境内著名的阿尼玛卿雪山而得名，平均海拔 4100 米，下辖 6 乡 2 镇 35 个行政村，是果洛州的政治、经济、文化中心。全县共计 18504 户 57070 人，为少数民族聚居地区，藏族人口占总人口的 82.8%。

玛沁县属纯牧业县，因地理条件限制，很多地方山大沟深，群众居住分散，基础设施和社会事业薄弱，生态承载力脆弱。受限于地理区位、自然因素、基础设施等原因，致贫原因主要以缺资金、缺技术、缺劳力、因病、因残为主，部分贫困户致贫原因多项叠加，形成多维贫困的表现形式。玛沁县于 2017 年被确定为深度贫困县，共有 3 个深度困难乡镇和 11 个深度贫困村。“十三五”期间，根据党中央国务院和省委省政府部署要求，经过多轮次的数据比对，精准识别贫困村 14 个，占全县行政村总数的 40%；识别贫困人口 2286 户 7574 人。玛沁县的扶贫成本巨大，生存条件十分艰苦。面对这样的现实，只有通过易地扶贫搬迁这一途径，将贫困群众从不适宜人居生存的极度边远山区搬迁出来，摆脱恶劣生存环境的束缚，搬迁到生存条件、发展空间相对较好的区域，增强贫困群众的自我发展能力和造血功能，才能真正实现在易地搬迁中扶贫、在扶贫中发展、在发展中脱贫。

久美家园易地搬迁安置点，于2017年7月开工，分两期进行建设，于2019年全面竣工。久美，藏语“永恒、长久”之意，共投入1.43亿元，安置了全县7个乡镇21个村的716户建档立卡贫困户。小区总建筑面积59432.38平方米，其中生活区建筑面积53468.38平方米。建设主体5层楼房25栋、分5种户型（50平方米、80平方米、97平方米、105平方米、124平方米）。其中政府投入3204万元，完善安置点卫生、文化、体育等基础公共服务设施，配套道路硬化、供电、亮化、绿化等相关设施，建设党团活动室、会议室等八大功能区为一体的易地扶贫搬迁综合服务中心，健全公共服务功能。为全面巩固提升搬迁户增收致富的能力，拓宽增收渠道，政府投入2100万元，配套建设扶贫商贸综合市场，用于安置点搬迁人口的后续产业发展扶持，建筑面积3578平方米，其中市场内铺面35间、临街商铺36间、摊位118个，市场年租金收入270万元，提供就业岗位40余个。坚持“授人以鱼不如授人以渔”的原则，全力推进转移就业工作，拥有贫困劳动力的易地搬迁户共计1149户，目前，已实现户就业率100%。

（三）黄南州尖扎县德吉村

青海省尖扎县处于黄土高原和青藏高原、农业区和牧业区、汉文化和少数民族文化的结合处，地质结构复杂、沟壑纵横，相当一部分群众生活在气候环境恶劣、生产生活条件艰苦的脑山地区，加之当地藏族群众依山而居、依山而耕、依山而牧的习俗，基础设施十分落后，贫困群众主要靠天吃饭，脱贫任务十分艰巨。2015年党中央启动脱贫攻坚战后，尖扎县坚决以脱贫攻坚统揽经济社会发展全局，紧密结合县情实际，把易地扶贫搬迁作为脱贫攻坚的“当头炮”和重中之重，牢牢把握“搬迁是手段，脱贫是目的”的根本要求，将946名生活在高海拔、高寒地区，无法就地实现脱贫的贫困群众搬迁至生存条件和发展空间相对较好的黄河谷地，开启了贫困群众的幸福生活。

德吉村基础设施十分落后，贫困群众主要靠天吃饭。德吉村在实施易地扶贫搬迁之前只是黄河边的一片无名荒滩，脱贫任务十分艰巨。2016年以来，县委、县政府为了解决“一方水土养不活一方人”的问题，按照“山上问题山下解决”的思路，实施了昂拉乡德吉村等7个易地扶贫搬迁安置项目，将929户3593人（其中建档立卡贫困户736户2912人）从不适宜发展的地区搬迁至生存条件、发展空间相对较好的区域，搬迁贫困人口占到了全县贫困人口的30%。

移民搬迁、后续产业、脱贫致富是党委、政府在精准扶贫中最头痛、最难对症下药的问题。搬迁只是第一步，核心是要脱贫，关键是要有后续产业发展。搬下来容易，如何让这些贫困群众实现脱贫致富，成为摆在政府面前的一道难题。答好这道题关乎全局、关乎长远、关乎到老百姓能否幸福安稳这一根本。为了实现“搬得出、稳得住、可发展、能致富”的目标，尖扎县委、县政府积极探索易地扶贫搬迁与生态文明建设、乡村振兴战略、文化旅游、藏区社会治理、特色农业、新能源产业相结合的新路子，统筹推进规划编制、政策制定、资金安排、项目建设、督导检查、问题整改和后续帮扶等各项工作，打造了一批乡村旅游业、生态畜牧业、设施农业、水产养殖业、农业采摘观光等后续发展产业。培育出以德吉村为代表的乡村旅游为龙头，特色农业、文化、光伏等一二三产业深度融合的后续特色产业，形成“多业共生、多轮驱动”的发展模式，使贫困群众真正挪出了“穷窝”。

（四）海东市互助县班彦村

2016年8月23日，习近平总书记冒雨亲临互助县五十镇班彦村调研易地搬迁工作。视察中，总书记带着对土乡群众的深切关怀，就做好易地扶贫搬迁和群众脱贫致富工作做了重要指示，其中蕴含了对班彦村新发展的殷切希望和谆谆重托。习近平总书记在班彦村考察易地扶贫搬迁工作时指出：“移民搬迁是脱贫攻坚的一种有效方式。移民搬迁要充分征求农民群众意见，让他们参与新村规划。新村建设要同发展生产和促进就业结合起来，同完善基本公共服务结合起来，同保护民族、区域、文化特色及风貌结合起来。”按照总书记的要求，班彦村政府干部结合自身实际，既立足当前群众需求，又着眼长远脱贫致富，以解决群众存在的实际问题作为工作的出发点和落脚点。

班彦村位于青海省海东市互助土族自治县五十镇南部，距离五十镇政府4公里，距离互助县城30公里，距离平安县城20公里，与红崖子沟乡接壤，平均海拔2480米，全村有8个社369户1396人，耕地总面积3423亩，2015年识别建档立卡贫困户193户732人，经动态调整现有建档立卡贫困户183户720人，贫困发生率为51.6%，已于2017年实现整村脱贫。班彦村贫困的主要原因是交通不便，村民缺技术致使产业化程度不高。班彦村易地扶贫搬迁项目涉及班彦村五社、六社，距搬迁新村约7公里，地处偏远干旱的脑山地区，共129户、484人，其中建档立卡贫困户73户282人，实施易地扶贫搬迁项目前，面临“出行难、吃水难、看病难、入学难、务工难、娶妻难”的“六难”问题。

脱贫攻坚战打响后，在青海省委省政府、海东市委市政府、互助县委县政府、五十镇党委政府的坚强领导和相关社会组织的大力支持关心下，班彦村采取了一系列脱贫攻坚措施。易地扶贫搬迁脱贫一批，习近平总书记视察班彦村以后，班彦村五社、六社共129户、484人搬入新家、住进新房，并相应完成了通户柏油路、污水处理站、太阳能路灯、公共区域绿化等村容村貌改造工程。生态补偿脱贫一批，实施生态保护脱贫73户，对五社、六社旧址坡度在25°以上的129户的1824.33亩耕地进行退耕还林，实施生态补偿项目。聘任4个贫困户为生态护林员，户均增收1万元。发展教育脱贫一批。投资20万元，在班彦村小学建成“国网情”班彦村小学电子教学阅览室。严格落实各项教育扶贫政策，目前全村无因贫辍学学生，幼儿园升小学、小学升初中的入学率、升学率均为100%，全村今年初中升入高中阶段的升学率为35.3%，其余学生均到职业中学继续上学。社会保障兜底一批。累计通过民政低保、五保帮助42人，兑现资金20.58万元。医疗保险和救助脱贫一批，通过医疗救助、临时救助贫困户12人，兑现资金4.76万余元。目前有低保户9户28人，五保户13户14人。发展产业脱贫一批。目前发展了八个主导产业，八眉猪养殖、肉驴养殖、土族盘绣、农家乐经营、酩馏酒酿造、节地型日光节能温室、光伏发电和商铺经营。全村共有 4 个合作社，7 名能人大户，通过发展种养殖业，每年为群众发放工资约 12.6 万元。转移就业脱贫一批。全村现有劳动力 678 人，贫困户劳动力 291 人，通过技能培训外出务工 182 人，2017 年有 378 人在外打工，实现劳务收入 193.47 万元。

二、易地搬迁扶贫的主要做法

（一）积极实施资产脱贫，加强生态环境保护

公益性岗位优先向贫困户开放，这增加了贫困人口就业的机会，比如，玛沁县的保洁等公益岗位往往会向易地搬迁的农牧民倾斜。此外，班彦村八大产业的发展也给移民提供了许多就业机会。除了直接扶持移民发展产业外，公司化的运作方式，也增加了农民的资产收益。生态移民的土地流转可以被看作是一种资产收益，农民不再直接经营土地，而是通过将土地流转给合作社的方式来获取土地流转费。同时，政府以“合作社 + 致富带头人 + 农户”的模式，积极动员本村贫困户入社入股，并逐步发展扩大养殖规模帮助贫困群众增收致富。牛羊入股也是增加资产收益的一种方式，政府将扶贫资金转化成农民的购牛羊款，这些牛羊由合作社统一管理，移民则每年分红。这保障了养殖的标准化和规范化，从而能够生产高质量的畜产品；同时这些合作社提供固定分红，也增加了移民收入，减少了农牧民的生产风险。一些移民村还引进了光伏项目（如德吉村和班彦村），光伏公司利用移民的庭院、屋顶安置光伏版，农牧民以扶贫资金入股光伏公司享受每年固定分红。资产扶贫的经验表明，将扶贫资金转化成贫困户的资产，从而实现可持续的收入需要完善的政策支持，比如，成立的各种合作社得到了地方政府在银行贷款、土地使用等多方面的政策支持，而光伏扶贫则得到了光伏发电项目审批、用地等多方面的支持。资产脱贫需要政府多方面的协调，并非简单的贫困户入股。

易地搬迁包含了扶贫和生态保护的双重目标，定点安置与移民的高流动性同时并存，在增加非农就业的同时又将部分移民排斥在就业之外，这构成了易地搬迁扶贫中的几个主要矛盾。易地搬迁扶贫要重视农民的资产建设，建立与高新视野、精准扶贫流动性相适应的精准扶贫机制，并增加对被排斥人群的社会支持，发展一种基于流动性的扶贫体制来替代现有的以新建移民村为主要安置方式的易地搬迁。基于流动性的扶贫体制可以打破移入和移出的二元结构，在不改变生态脆弱地区自然资源所有权的前提下，通过生态补偿来实现农民增收和环境保护的共赢；在不割断移民与原有村庄联系的基础上，促进移民参与环境保护并实现就业多元化；大幅减少移民村的建设，通过城乡一体化建设支持移民融入非农就业和城镇化。

（二）实施易地扶贫搬迁，让困难群众挪出“穷窝”

按照省委省政府的决策部署，玉树州立足州情实际，在省上“八个一批”行动计划的基础上，制定了“住房改造脱贫一批”和“教育引导群众合理理财巩固一批”两个一批，形成了精准扶贫“十个一批”专项行动方案。两年多来，累计投入扶贫专项资金 50.2 亿元，大力推进政策落地，扶贫效应逐步显现。

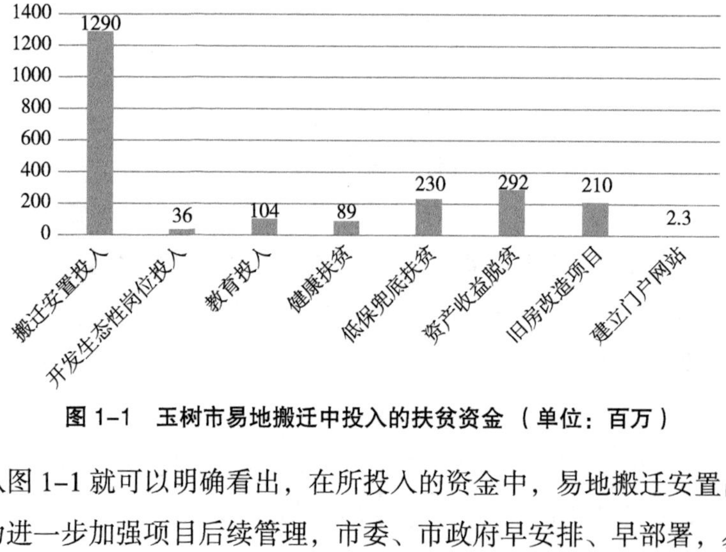

图 1–1　玉树市易地搬迁中投入的扶贫资金（单位：百万）

从图 1–1 就可以明确看出，在所投入的资金中，易地搬迁安置占比很大。为进一步加强项目后续管理，市委、市政府早安排、早部署，易地扶贫搬迁集中安置点在建设过程中引进了物业管理公司，让物业管理公司全程监督市政项目的建设过程，确保项目后期管理顺畅到位。并且，在项目后续管理服务中，市政府依托城镇区位优势，持续加强对搬迁户的扶持力度，确保有劳力的搬迁户参加就业培训，拓宽就业渠道，力争实现“一人就业，全家脱贫”。同时市委组织部、市扶贫局、市住建局、市民政局、新寨街道办等相关部门和单位，也积极协调建立健全党组织建设和社区服务组织，通过政策宣传和引导等措施，让搬迁群众改变生活习俗，融入新的环境；本着“搬迁是手段，脱贫是目的”的原则，确保搬迁户搬得出、稳得住，能致富，铭党恩，跟党走、听党话，挪穷窝、换穷业。

2016 年、2017 年玉树市两年累计脱贫 5.2 万人，57 个贫困村退出，贫困发生率从 2015 年底的 33.3% 降为 18.8%。目前，还有 6.3 万贫困人口，47 个贫困村。2018 年玉树市计划 31 个贫困村退出，3.29 万贫困人口脱贫。

玛沁县紧跟党和国家的大政方针，将脱贫攻坚和易地搬迁作为“国字号”民生工程，结合本县地域实际，按照“政府主导、群众自愿”的原则，通过实施易地搬迁项目，解决了“一方水土养不起一方人”的群众的住房问题；按照“搬得出、稳得住、有产业、能致富”的目标，分年度实施了搬迁。通过三年的努力，玛沁县累计投资 3.2 亿元，集中建设易地搬迁安置点 11 个，建设安全住房 1285 套，惠及 4348 人，占建档立卡贫困户的 54.8%，入住率达 100%；并建成了玛沁县规模最大的扶贫搬迁安置点——久美家园。

2015 年党中央启动脱贫攻坚战后，尖扎县坚决贯彻落实习近平总书记重要讲话精神，坚持以脱贫攻坚统揽经济社会发展全局，紧密结合县情实际，把易地扶贫搬迁作为脱贫攻坚的“当头炮”和重中之重，牢牢把握“搬迁是手段，脱贫是目的”的根本要求，2016 年尖扎县根据中央扶贫开发工作会议精神和青海省委省政府《关于打赢脱贫攻坚提前实现整体脱贫的实施意见》，有针对性地提出“山上问题山下解决”的易地扶贫搬迁安置思路，启动实施德吉村易地扶贫搬迁项目，将 946 名生活在高海拔、高寒地区，无法就地实现脱贫的贫困群众搬迁至生存条件和发展空间相对较好的黄河谷地，开启了贫困群众的幸福生活。为了实现“搬得出、稳得住、可发展、能致富”的目标，尖扎县深度挖掘德吉村的地理优势、资源优势和文化优势，走将易地扶贫搬迁与生态文明建设、乡村振兴战略、文化旅游、藏区社会治理、特色农业、新能源产业相结合的新路子，统筹推进规划编制、政策制定、资金安排、项目建设和后续发展等各项工作，建设了党群活动中心、村级卫生室、村级学校、污水处理厂等配套服务设施，打造了一批乡村旅游业、设施农业、光伏产业等后续产业，使贫困群众真正挪出了“穷窝”。

习近平总书记视察班彦村以后，班彦村五、六社共 129 户、484 人搬入新家、住进新房，并相应完成了通户柏油路、污水处理站、太阳能路灯、公共区域绿化等村容村貌改造工程。

班彦村的易地扶贫搬迁按照“搬得出、稳得住、有事做、能致富”的思路，积极探索符合自身实际的产业发展之路，经历了从无到有、从弱到强的发展过程，积极利用已有的传统技艺和资源优势，形成了“涵盖广泛、形式多样”的产业体系。班彦新村的“破茧成蝶”，是贫困村脱贫的典范，是数以万计各级扶贫干部工作成果的一个缩影，是各级党委、政府上下聚力脱贫攻坚工作的真实写照，更是履行党和国家“小康路上一个都不能掉队”庄严承诺的生动实践。

（三）抓住“新时代”机遇，走好“产业路”

为进一步拓展延伸产业链条，提高农畜产品附加值，玉树市按照“政府注入引导资金、部门搭建产业平台、专业协会组织管理、合作社入驻经营、贫困户从中受益”的思路，投入 1600 万元，打造了集畜产品和旅游文化产品精深加工、集中展销、电子商务为一体的扶贫产业一条街，实现了企业、合作社和贫困户之间的利益联结，实现了贫困户受益、助力脱贫的目的。

产业一条街于 2017 年 8 月正式投入运行，总占地面积约 6000 ㎡，可利用商铺建筑面积 4875 ㎡。目前，玉树州 6 个市县有 100 余家生态畜牧业合作社以及畜产品加工企业、电商企业入驻，销售产品 900 余种，带动贫困户 6300 户 2.2 万人，人均增收 710 元。为了保证扶贫产业一条街发展壮大，减轻经营者负担，市政府两年内免房屋租赁费用及物业费，并向带动贫困户就业的驻点合作社每人每月补贴 2500 元，同时免费开展相关培训。扶贫产业一条街的运营不仅使企业有了一个集中销售各类产品的平台，更重要的是促使企业从贫困户手中收购了大量的半成品及剩余农畜产品，让贫困户从中受益，从而改变了以往贫困户无产品、无销售渠道、无收益分红的困境。同时，政府投入大量资金建成玉树扶贫产业园区，占地面积 30031 平方米，建筑面积 17592.8 平方米，市场建有交易楼 4 栋，属于玉树市结古镇当代、扎西大同、德尼格、忠德、日奥格 5 个贫困村的村集体经济，产权归 5 个村的 952 户贫困户所有。扶贫产业园是玉树市首家劳动密集型、就业规模最大的民族服饰和手工艺加工企业，为本地贫困农牧民提供了 700 个就业岗位。项目扶持贫困群众 533 户、1745 人，辐射带动 1482 户、4944 人。项目扶持贫困户户均增收 10000 元以上。

玛沁县突出地域特色，发展壮大村级集体经济，夯实乡村振兴基础。玛沁县把扶持壮大村集体经济作为抓党建促脱贫攻坚、促乡村振兴的一项重要任务，统筹推进，注重落实，推动村级集体经济从无到有、从弱到强。村集体经济全部实现“破零”。调整充实全县村集体经济“破零”工程领导小组，下设资金保障、综合协调、产业指导三个专项工作组，负责指导各乡镇制定村集体经济发展规划和年度计划以及资金整合、监管和日常督促检查工作。领导小组多次召集相关部门、乡镇主要负责同志对县村集体经济“破零”工程进行研究讨论，印发《玛沁县村级集体经济“破零”工程实施方案》，投入村集体经济发展资金 3500 万元（其中 1400 万元用于实施 14 个贫困村州级统建光伏扶贫项目，2100 万元用于 21 个非贫困村发展村集体经济）实现村集体经济“破零”。2018 年投入 840 万元的村集体经济项目已全部实现收益，2019 年投入 1260 万元的村集体经济项目已全部运行。目前，村集体经济收益 3 万元以下的村 13 个，3–5 万元的村 21 个，5–10 万元的村 1 个。2019 年确定雪山乡阳柯河村、大武乡哈隆村、优云乡优曲村三个村纳入中央财政补助范围发展壮大村集体经济，每村50万元补助资金已全部落实到位。2020年共确定9个村纳入到中央财政补助范围，450万元补助资金已全部落实到位，各项目资金拨付率达100%。同时，拓宽绿色产业发展渠道。针对产业发展难度大、同质化现象严重、经济效益不高、生产方式落后等问题，为保护生态、调整产业结构、转移富余劳动力、发展第三产业、整合有效资源，从根本上巩固脱贫成效，全县上下坚持“养人靠绿色发展”的产业扶贫后续巩固提升发展理念，启动实施玛沁县农畜产品加工物流产业园区建设项目，计划将其逐步建设成为全州物流及农畜产品集散中心，带动全县第三产业发展，促进更多贫困劳动力实现就业增收。目前，可研设计编制、园区土地招拍挂、环境影响评价、地勘等前期工作有序推进，园区基础设施建设项目争取7月中下旬开工建设。继续做好大武乡格多村现代科技循环产业园建设，以“企业+合作社+牧户”的模式，构建“草畜联动”机制，积极推广“草-畜-肥-草”循环生产模式，大力发展牧区现代标准化规模养殖。不断完善玛沁县特色产业孵化园功能，继续加大对产业园的指导、扶持和宣传力度，重点培育和孵化藏毯编制、帐篷缝制、掐丝唐卡等小微企业，培育壮大一批优势特色产业，增强产业强县动力。充分发掘高原特色资源优势，探索发展地域特色产业，充分依托地域优势资源，积极探索发展麝、鹿、藏野驴、藏鸡等特色人工养殖产业，优化产业结构，着力打造具有玛沁特色的养殖产业品牌，带动农牧民增收致富。

尖扎县德吉村深度挖掘当地自然资源优势，在充分尊重群众意愿的基础上，把旅游扶贫、就业扶贫作为后续产业发展的关键抓手，想方设法让乡村旅游带动搬迁群众增收致富，让贫困群众切切实实享受到“搬”出来的幸福新生活。

一是充分挖掘优势资源，让贫困群众吃上“旅游饭”。在易地扶贫搬迁安置过程中，当地政府瞄准德吉村依山傍水、景色宜人、乡村旅游发展潜力巨大的优势，在德吉村后续产业发展上，坚持以特色文化旅游业为主导产业，县扶贫、旅游、交通、水利等行业部门通过“多个渠道注水，一个池子蓄水”的办法整合资金，将民俗文化、射箭文化、黄河文化、农耕文化等特色文化元素，积极融入基础设施和公共服务设施建设中，并规划建设了独具民族风格的藏式住宅，实施了休闲广场、民俗风情园、水上游乐码头、自驾游营地、露天沙滩、婚纱摄影基地、花海、农耕体验、农家乐、美食广场等文化旅游后续产业项目。动员30户搬迁群众开办了各具特色的农家乐，38户搬迁群众在美食广场经营土烧馍、酸奶、糌粑、酿皮等当地特色饮食，逐步打造出“品地方美食，住藏式民宅，游黄河风光”的旅游发展模式，将搬迁群众的脱贫致富牢牢绑定在产业发展链上，开创了文化旅游与脱贫致富融合发展的新局面。同时，为了从更大格局、更高层次、更多领域去谋划和提升德吉村后续产业发展，让老百姓更快更好的富起来，当地政府通过招商引资的方式，引进中青建设集团对德吉村景区进行市场化运营，通过与运营商协商，为村集体争取到每年6万元的经济收入，全村贫困群众年旅游分红收入达70万元以上，而且将逐年递增。

二是积极培育特色农业，让贫困群众在家门口挣上钱。为了走出一条符合德吉村实际的后续产业发展路子，当地政府进一步理清和完善发展思路，坚持把特色农业作为提高贫困群众自我发展能力，实现持续增收、稳定脱贫的根本举措，把土地、资本、贫困劳动力组织起来，拧紧利益链条，通过土地流转、租赁等方式，积极引导和扶持贫困群众创办以苗木、藏茶种植和农事体验为一体的综合性观光农业园，形成了集聚优势和规模效应。

三是打造新型能源产业，让贫困群众有稳定的“阳光”收入。因地制宜、精准施策，充分利用德吉村光照资源十分丰富的有利条件，当地政府通过扶贫开发与新能源利用、节能减排相结合的方式，在德吉村发展户用光伏扶贫产业，为251户搬迁户屋顶安装光伏发电系统并接入电网，采用“自发自用、余电上网”模式。

互助县班彦村按照习近平总书记“新村建设要同发展生产和促进就业结合起来，把生产搞上去，实现可持续发展”的要求，在巩固产业项目上充分发挥了特色产业发展优势。目前，班彦村发展了八眉猪养殖、肉驴养殖、土族盘绣、农家乐经营、酩馏酒酿造、节地型日光节能温室、光伏发电和商铺经营七个主导产业，全村共有4个合作社，7名能人大户。这些产业的确定，既传承了已有的传统技艺，又符合班彦村实际情况和群众的意愿，对于班彦村群众长久的稳定脱贫致富具有十分重要的意义。

一是易地搬迁后结合村自身实际发展新产业。班彦村五社、六社实现了易地扶贫搬迁，现居住位置靠近S102平大公路，其余六个社除四社外均地处S102平大公路两侧，地理条件十分优越。酩馏酒酿造和土族盘绣作为传统技艺，已成为当地的特色产业；八眉猪养殖有着得天独厚的优势，也已成为主要的产业之一。五、六社农户居住旧址已复垦，可有效种植青草供养驴场毛驴食用，可减少肉驴养殖场成本。搬下来以后新居统一设计，统一施工，有利于光伏产业的发展。多元化产业发展格局，增加了村级集体收入，培育了班彦村集体经济发展的“造血”功能，增强了村级自我发展、自我服务、自我保障的能力，服务精准扶贫，有力推进小康社会建设和乡村振兴战略的实施。

二是能人大户在脱贫攻坚中的带动作用明显。村中的能人大户在带动贫困群众就业方面发挥了重要作用。例如，脱贫光荣户李公却缺晒让，本身没有技术，只能外出当小工挣钱，后来因不慎将腰部摔伤，被识别为建档立卡贫困户，今年凭借自己的努力，发现了种植大蒜的前景，充分发挥本村地多的优势，流转95户土地共计200亩，种植大蒜；其中贫困户50户，流转土地每亩1000元。充分带动全村村民共同致富，尤其是有效带动贫困户增加了收入。

三是盘绣成为班彦村贫困妇女增收致富的新途径。班彦村群众的主要收入为外出务工收入，对于村里的年轻妇女而言，既要照顾家庭还要兼顾地里的农活，外出打工对于她们而言可望不可及。同时，近年来随着年轻人的外出务工，留守儿童和“空巢老人”现象日益突出，能够在家门口就业是村中年轻妇女的普遍愿望。盘绣园的建成给了她们希望，目前，土族盘绣园有盘绣产业户145户，其中建档立卡贫困户93户，确定绣娘145人，骨干绣娘50人，通过“公司+基地+带头人+农户”的管理模式进行运营。2017年8月份以来，接受唯品会“妈妈制造”订单1800件，金盘绣公司订单 550 件，共计订单收入 13.039 万元。盘绣园二社带头人包兰索什姐取得最高收入 17255 元，绣娘平均收入 899 元，班彦村土族盘绣产业成为带动贫困妇女增收的新产业。

四是增收致富产业的培育激发了群众的内生动力。班彦村从山上搬下来，各项产业都及时进行了跟进，为群众长久增收致富奠定了基础。随着易地扶贫搬迁项目的实施，群众的观念发生了转变，主要体现在四个方面：贫困主体认识实现了转变。通过召开贫困户座谈会、村民代表大会、脱贫户经验交流会等多种形式会议，贫困户对比看到自身不足，激发了贫困户内生动力，贫困户的思想认识有了很大转变，技能培训形式实现了转变。技能培训注重“现有产业 + 技能培训”，全村现有劳动力 678 人，根据群众掌握的技能和需求，目前，班彦村举办各类培训班 17 期 400 人次，其中贫困户 366 人次。依托现有的土族盘绣园、农家乐、八眉猪养殖等产业，再通过举办种养殖、盘绣、电焊、烹饪等技能培训班，让贫困户掌握一技之长；扶贫方式实现了转变。扶贫方式由以往的“大水漫灌”向“精准滴灌”转变，班彦村“两委”和扶贫（驻村）工作队按照贫困户家庭现有劳动力的实际状况，制定了一户一策产业发展规划，通过多元化发展，有效激发贫困户的致富积极性，不断增强贫困户的自我“造血”能力，实现了稳定脱贫；管理引导实现了转变。为了更好地引导贫困群众加强自我管理，通过《班彦村村规民约》，村政府完善了村级管理相关制度，有效提升了班彦村的整体形象。通过开展“文明庭院”评选活动，群众的自我管理意识明显增强。同时，注重对群众的感恩教育，群众在班彦新村后山自发栽植“感恩林”，以此表达对总书记的敬仰和爱戴之情。

五是基层组织建设有效提高了帮扶力度。自精准扶贫工作开展以来，五十镇就成立了由镇党委书记任组长，镇长及主管扶贫工作的领导任副组长的五十镇精准扶贫工作领导小组和精准扶贫服务中心。不同职责的机构定期下沉到班彦村开展相应工作，为班彦村如期实现脱贫补充了必要的人员力量。班彦村的结对帮扶单位青海省国土资源厅前后共派出第一书记 3 名，扶贫（驻村）工作队队员 6 名，先后为班彦村争取了 199.68 万元的土地平整项目，为下一步土地流转奠定了坚实基础。投资70万元用于新村10间商铺和党员活动室的建设，为每月的固定党日和党员相关活动的开展提供了固定的场所。投资40万元用于肉驴养殖场建设，为村里发展集体经济提供了必要条件。另外投资30.6万元用于新村养殖区护坡治理，墙体粉刷，雨槽建设，为群众发展养殖业创造了有利条件。省国土资源厅241名干部与183名贫困户建立结对帮扶关系，使贫困户更好地了解和掌握相关惠民政策，并根据贫困户实际需要，提供如务工信息等方面的帮助进行慰问。结对帮扶干部通过走访慰问贫困户、学生和困难党员，累计发放15.21万元的慰问品。

（四）努力创造就业岗位，让贫困群众在致富路上增强自信

越到脱贫攻坚的深水区，各级政府就愈发深刻地认识到在脱贫致富的道路上，政府始终扮演的是“引路人”“铺路人”的角色，最终实现长久脱贫还是要靠贫困群众自食其力。在易地搬迁刚开始实施之时，一些搬迁贫困户是典型的“懒汉”，“等靠要”思想比较严重，“干部干、群众看”的现象不同程度地存在，影响了易地扶贫搬迁工作的进程。扶贫不仅要帮助贫困群众改变物质生活条件、生存条件，更要努力改变他们的精神状态，要从根本上引导贫困群众走出贫困，必须树立积极向上、自立自强、不甘落后的精神品质，为此，省委省政府及各地方部门坚持物质脱贫与精神脱贫两手抓、两促进，树牢脱贫之志。让政策源于群众，坚持问计于民，问需于民，让搬迁贫困群众拥有更多的知情权、参与权，发挥群众的积极性、创造性；在政策落地和兑现过程中，尽可能地满足群众的意愿，主动接受群众的监督，扶贫干部们用实际行动让搬迁贫困群众看在眼里、记在心里，从而使更多的贫困群众认同并支持易地扶贫搬迁工作，使贫困群众在易地扶贫搬迁中有参与感、在建设自己的美丽家园时有存在感、在物质经济上有获得感的同时，努力让他们在脱贫路上越来越自信、自立、自强，真正成为小康路上的建设者。

（五）积极拓展异地办学资源，扎实推进教育扶贫

教育是目前最大的民生工程，也是精准扶贫和实现小康的根本要求。近年来，玉树州深入贯彻落实中央、省委精准扶贫工作会议精神和相关政策，高度重视教育精准扶贫工作，突出教育的扶贫作用，将其纳入到全州教育工作的总体布局当中，通过出政策、补短板、强资源、抓资助等方式全力阻断贫困代际传递。

近年来，省委省政府始终将让群众子女有好学上、让农牧民子女享受优质资源、让贫困户子女接受优质教育作为最基本的工作原则，着力在精准识别、精准施策、精准帮扶上下功夫，全力推进教育扶贫工作，特别是将异地办学与教育精准扶贫工作紧密相结合，探索出了符合玉树实际的新路子和新经验，成为教育扶贫工作的亮点和特色。

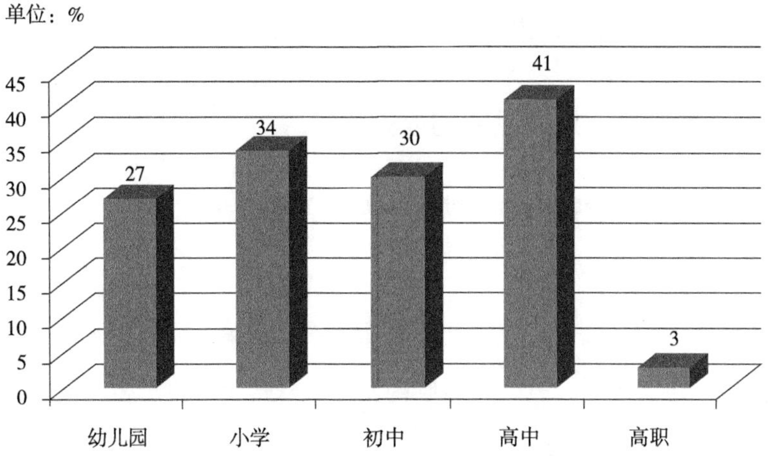

图 1–2　玉树州各类学校贫困生占比情况

积极拓展异地资源，依托异地办学，强力推进教育扶贫工作。随着国家“两基”攻坚任务的完成，西部民族地区教育迎来了全面繁荣发展的新时期，广大农牧民送子女入学的积极性空前高涨，义务教育阶段的学生大幅度增加，初高中阶段教育资源紧缺的压力和矛盾十分突出。为了缓解州内高中资源不足的实际问题，省委省政府提出了州内外资源统筹、本地办学和异地办班相结合，“两条腿”走路的高中办学思路，将异地办学提上了议事日程。

同时强化教育资助工作，以教育资助持续推动教育扶贫深入开展。通过国家资助、争取资助项目、社会资助等多种方式开展教育资助工作。

从图 1–2 我们可以分析得出，幼儿园、小学、初中贫困人数占比分别为 27%、34%、30%，而高中贫困人口占比竟高达 41%，但随着学习阶段的不断上升，贫困人口占比似乎骤然下降，中职贫困人口占比仅为 3%，为何高中 41% 占比的贫困人口忽然下降到 3% 呢？部分原因是一部分人口流向省内外本科院校，更大一部分原因则是这些人的家庭经济能力有限，一部分贫困家庭的孩子上不起学。为此，玉树州决定在下一步工作中，各地区继续坚持教育优先发展的战略思想，以最大的热情、最大的保障、最大的投入优先保障教育发展，做到政策优先向教育倾斜，项目优先向教育安排，资金优先向教育投入，抓好高中和学前教育两个薄弱环节，认真落实好、使用好各项教育扶贫政策，让政策发挥最大效力，让政策推动教育发展，努力实现教育从规模型向质量型的转变。

三、易地搬迁扶贫取得的成效

（一）解决了农牧民的后续产业发展问题，增收等民生问题得到妥善解决

扶贫产业项目的建成，一方面增加了当地贫困农牧民的收入，提高了他们的生产生活水平；另一方面也转变了群众传统的生产生活理念，进城成为现代产业工人。

德吉村的扶贫路径是尖扎县针对“一方水土养活不了一方人”的实际，遵循“摸着石头过河”的思路走出的一条浅脑山民族地区贫困群众易地搬迁脱贫致富和依托生态保护发展双赢的扶贫新路子；是找准发展和扶贫的契合点，做大做强后续产业，实现群众富裕小康生活的生动实践。贫困群众收入从搬迁之前的年人均 3700 元增长至 9800 元，从住房差、吃水难、上学难、就医难，到家家户户搬进安全住房、通上自来水，实现家门口就医、家门口上学，达到了“两不愁三保障”的目标要求。德吉村从一

个不知名的荒沙滩，华丽转身成为全省文化旅游的一张新名片，被游客称为青海的“小三亚”。2018年被评为“中国最美休闲乡村”“AAA级”旅游景区和全省易地搬迁扶贫示范点，2019年被评为“全国生态文化村”。

通过精心打造，德吉村开始吸引大批慕名而来的游客，德吉村火了，成了青海的一处网红景点，也是目前黄南州易地扶贫搬迁中最成功的一个点。据统计，截至目前，德吉村接待游客28万人次，车辆5.2万辆，旅游综合收入达740万元，使搬迁群众靠山靠水靠旅游捧上了金饭碗，真正实现了省委书记王建军在2017年全省旅游发展大会讲到的“让我们越来越多的群众背靠山水美景忙起来、有事干，吃上旅游饭”的目标。

苗木合作社培育的苗木，通过与县林业部门签订协议，在尖扎县每年的国土绿化中自产自销；藏茶种植区和农事采摘园通过就地吸纳贫困户为合作社员工的方式，增加贫困群众收入。120名搬迁群众通过苗木培育、藏茶种植和农事采摘等获得收入达100万元以上，年人均增收可达7000元，切实解决了贫困群众就近就地打工难的问题，让搬迁群众在家门口就挣上了钱。在德吉村后续的产业发展中，不仅坚持绿色发展，而且还为无劳动能力或弱劳动能力的残障贫困人口也谋到了生计，改变了他们只能靠政府兜底维持生计的困境，真正让搬迁贫困群众有了一份稳定的“阳光”收入。

互助班彦村建成产业基地8个，产业产值0.045亿元。首先，着力打造八眉猪养殖基地；同时大力发展特色养殖项目。建成综合养殖场一处，以“合作社+致富带头人+农户”的模式，积极动员本村贫困户入社入股，并逐步发展扩大养殖规模，帮助贫困群众增收致富，项目已完成建设任务并投入运营，并将逐步扩大养殖规模，帮助群众增收致富。其次，依托“土族盘绣”国家级非物质文化遗产生产性保护优势，成立了班彦村土族盘绣产业协会，建成总面积290平方米的盘绣园，建成运营以来，先后接受“妈妈制造”、唯品会订单8000余件，实现订单收入40.84万元，绣娘人均增收2800元。再次，建成投资200万元酩馏酒作坊1处，并带动本村农户发展酩馏酒酿造产业，结合已注册的“班彦”商标，着力打造班彦酩馏酒品牌，促进乡村旅游业发展；同时投资450万元打造“班彦生态农庄”，在班彦新村周边建设5座节地型日光节能温室，周边打造“百亩花海”和特色采摘项目，建设集150米滑索、丛林探险、大摆龙为一体的研学基地一处，形成休闲观光、采摘、销售产业链。最后，与青海振发能源有限公司合作实施2.0MWp屋顶分布式扶贫发电项目，项目总投资约1600万元，户均年收入达2500元，可持续获益20年。同时，通过实施宽带入户工程，建成新村电子商务网点，实现网上产品贸易，也可有效将本村土特产、盘绣作品等实现外销，从而拓宽群众创收渠道。

（二）完善了基础设施，提高了农牧区的脱贫质量

一是2018年以来，在班彦村投入2000余万元项目资金，配套实施了“四通四入”和“三化”工程，完成水、电、路、气等基础设施，村容村貌焕然一新，旧村群众落后的生产生活条件得到彻底改变。二是投资1300余万元，在班彦新村建成了集中养殖区，方便搬迁群众发展后续产业。同时，建成污水处理站一处，解决了群众生产生活排水排污等问题。三是投资700余万元，实施了村庄绿化工程，大力推进村庄道路和庭院绿化，实施了人工植树造林，实现了村庄周边和住宅绿化美化。四是持续加大人居环境综合整治力度，按照“先净后美、先整治后绿化再保洁”的工作思路，多措并举，以主干道为整治重点，并向各子巷道延伸，对全村“六乱”现象进行彻底清理整治，并实施整村外部风貌打造、厕所改造、乱点整治等，全面提升整村形象。

班彦村2019年发放贷款187笔、金额754.3万。循环贷款387笔、金额2343万。班彦村通过实施“八个一批”工程，率先实现了脱贫。通过参加技能培训，掌握了烹饪、刺绣、电焊等专业技能，大力发展养殖、盘绣制作、劳务输出等产业。全村4个合作社，7名能人大户，182名技术工人，带动全村村民通过发展生产顺利实现脱贫。聘任14名贫困户为生态护林员或保洁员，户均增收1万元。严格落实营养餐、雨露计划等各项教育扶贫政策，目前全村义务教育阶段学生全部入学，幼儿园、小学、初中的入学率均达到100%。投资632万元，功能齐全、设备完善、教学环

境优美的班彦幼儿园，正在建设中。

玛沁县坚持精准方略，紧紧围绕“两不愁、三保障”的目标标准，按照“六个精准”和“八个一批”的要求，统筹专项扶贫、行业扶贫和社会扶贫，扎实推进党中央决策部署落地生根，充分发挥村党组织在村集体经济“破零”工程中的引领作用，立足实际，扶持扶贫产业再发展，加大力度推进民生改善，认真抓好教育惠民政策，全面落实医疗保障政策，贫困人口医疗保险、大病保险实现全覆盖；同时实现了安全住房、安全饮水全覆盖。全县 14 个贫困村、2286 户 7574 名贫困人口全部脱贫，人均纯收入达 1.15 万元。群众生活得到明显改善，“两不愁、三保障”目标全面实现，长期以来的绝对贫困问题得到历史性解决，思想意识得到转变提升，精神面貌发生了根本性转变。

如今的玛沁县，一排排、一座座富有民族特色的易地搬迁房屋拔地而起，搬迁户从大山深处搬到了县城，住上了宽敞明亮的新房，基础设施和公共服务设施得到显著提升，就业增收渠道不断拓宽，群众思想观念从过去的“等靠要”变为自力更生，大部分群众开始主动参加技能培训、主动参与脱贫攻坚、主动寻求就业机会和增收致富渠道。群众的房子宽敞明亮了，精神面貌焕然一新了，手里的票子越来越多了，民族团结的成果越来越好了，群众的生活发生了翻天覆地的变化，真正做到了“挪穷窝、拔穷根”和“脱真贫、真脱贫”，群众的获得感和幸福感显著提升，玛沁大地上唱响了感党恩、听党话、跟党走的庆祝祖国繁荣昌盛和中华民族一家亲同心共筑中国梦的赞歌。

四、易地搬迁扶贫存在的问题

（一）返贫风险仍存，巩固脱贫成果压力大

1. 产业发展持续性低，项目发展难度大

一些已脱贫地区的产业发展能力和持续性不强，主要依靠第一产业，第二产业和第三产业投入力度小，导致发展动力不足，巩固脱贫的渠道

窄。深度贫困地区扶贫产业还处在起步期、发展期，产业体系不健全，产业发展水平不高，受新冠肺炎疫情影响，贫困地区生产流通秩序被打乱，扶贫产品“滞销卖难”。有的地区产业发展效益呈现表象化趋势，当地选择发展产业时，没有经过缜密科学的市场调查，盲目跟风、仓促上马，表面上产业兴旺，但产品卖得不好，实际效益较低。部分地区缺乏长远的产业规划，扶贫攻坚阶段为完成任务，大力投入资金以确保通过检查评估，这些项目缺乏后续支持而逐步荒废。

2. 不稳定户基数大，收入单一，返贫风险高

不稳定户刚刚达到脱贫标准，经济基础薄弱，家底根基不牢，自身存在一定的脆弱性或返贫风险没有完全消除，增收渠道单一、增收项目容易受市场等外界因素较大干扰，如遭遇自然灾害、重大疾病、工伤事故等，一遇风吹草动，经不起风浪和折腾，便面临返贫风险。自然灾害高发地区的，劳动力意外事故伤残可能性高的，家庭成员有大病重疾隐患的，产业经营存在失败风险的，就业不稳定的脱贫户，需要重点关注，返贫风险很高。

3. 边缘户等致贫风险高，常态化帮扶面临困难

贫困边缘户致贫风险高。由于生计资本薄弱、可行能力不足或缺失，贫困边缘户兼具明显的弱质性、摇摆性特征，仅依靠自身力量难以实现增收致富，受到新冠肺炎疫情的影响，容易成为新生贫困的高发群体。另一方面，贫困边缘户群体规模大，边缘户的识别标准模糊，无法享受贫困户的帮扶政策，怨言较多。

4. 部分贫困户内生动力不足，自我发展能力弱

脱贫户文化水平有限，劳动技能缺乏，缺乏适应现代市场经济发展的理念与谋生技能，难以有稳定的高收入来源。脱贫户自身思想闭塞，深受小农思想影响，依靠自身能力稳定脱贫的自信心不足、内生动力不强；个别脱贫户幸福感极低、易满足，存在“等、靠、要”思想。脱贫后一旦失去扶持政策，易导致部分群众返贫。加之其所在的地区往往资源匮乏，基础设施不足，阻碍当地经济发展，缺乏使贫困户提升自身的渠道平台。

（二）易返贫致贫动态监测机制有待完善

1. 方式落后，导致信息迟滞、不准

返贫的发生不完全是突然的、不可预测的，现在还有部分收入处于贫困线边缘的农户存在致贫风险：一旦遭遇疾病、灾害或意外，可能陷入贫困陷阱。因此要对脱贫不稳定户、边缘易致贫户以及因疫情或其他原因导致收入骤减或支出骤增户加强监测。部分地区单一的、人工的监测手段增加了工作难度和工作时间，缺少科学技术支持导致监测方式效率低，信息传递速度慢，存在信息延误和误传。

2. 职能部门之间信息无法共享，对接不畅

部分地区各部门间信息渠道不统一，增加信息、人力成本的同时，拉低了工作效率，各部门协同能力下降，工作对接不便，重复工作的比例较大，耗时耗力且不能及时监测反馈。

3. 基层监测力量不足，帮扶队员牵扯精力大

部分地区自身基层缺少办事能力，当地基层社会力量薄弱，无法自行完成监测，农户对自行申请的途径不清，倚靠帮扶队员进行脱贫工作。

（三）易地搬迁后续扶持有待加强

1. 农户搬迁后过度依赖公益岗位，就业稳定困难

农户本身缺乏寻找就业岗位的意识与能力，难以倚靠自身获得收入来源，但公益岗位的数量和薪资有限。政策提供的扶贫援助补贴不能解决农户的长期生活问题，农户缺乏独立寻求稳定岗位的主动性。政府与相关企业承担较大压力。部分地区存在短视思维，即便配套设置扶贫产业，但是项目技术门槛低，同质化现象严重；就业安置不牢靠，安置区贫困群众本身外出就业空间小，本地就业安置能力不足，仅提供少数公益性岗位；部分就业扶贫车间不符合国家安全生产标准和国家环保要求，且吸纳贫困人口就业能力不足。部分搬迁群众即使有就业创业意愿，但没有开展相应的就业培训，创业资金支持与融资服务不到位。

2. 配套设施和公共服务不足，生产生活不便

搬迁后，部分大型或特大型安置区承担很多同步搬迁户，按照原有的筹资标准，基础设施和基本公共服务设施的建设仍存在短板，基础设施与公共服务不能满足农户需求，无法进一步进行产业生产，甚至存在生活不便的问题。部分地区安置区安置点选址和设计存在问题，盲目追求安置点规模，选址论证不充分，导致安置点不能满足环境承载力和后续脱贫发展要求；有地区为节省成本，安置点就近插花安置，环境条件改善不大，对群众没有吸引力。部分安置区只热衷于搬迁项目等“硬件”建设，忽视后续产业发展等“软件”建设，在搬迁安置过程中没有同步制定产业发展方案，也没有安排就业渠道，后续产业发展跟不上。

3. 社会管理、社区治理有待完善升级

部分贫困地区采用“一步到位”的办法，统一采取城镇化集中安置，导致社区管理与公共服务供给不足的同时，破坏乡村社区内部传统结构和肌理。贫困户生活习惯不能马上适应城镇，文化素质不能满足就业条件，导致出现搬迁群众回流现象；部分地区没有做好社会保障政策衔接，搬迁户户口仍在迁出地，医保、低保和养老保险也由原户籍所在地管理，导致贫困户需要往返几十公里办理相关手续，在多个层面上出现社区治理的紧张与冲突。

五、对策措施

（一）加强党建引领，整合多方资源，政府部门要强化制度政策供给

以党建为统领，借鉴“十化党建”“双联共建”，以及“1+10+N”基层党建模式，支部带头、干部上阵、群众参与，加强扶志与扶智相结合，发挥基层党组织战斗堡垒作用，激发群众内生动力，培养自我发展能力，确保乡村振兴指挥有力、行动有序、成果有效。党在农村牧区的执政基础更加巩固，基层党组织凝聚力、战斗力和向心力显著提升，党员干部以人民为中心的实干作风充分彰显，人民群众参与的成就感和共享脱贫成果的

幸福感显著增强，以感恩行动共唱祖国繁荣昌盛赞歌，更加坚定不移地知党恩、听党话、跟党走。把加强党的建设作为带动农村地区致富的基础工作来抓，从搬迁群众中选出政治坚定、能力较强的党员成立临时党支部，积极开展感恩奋进、法律法规教育、技术技能培训、精神文明建设等活动，充分发挥基层党组织的战斗堡垒作用和党员先锋模范作用。

党员群众带头动员搬迁、带头入住、带头发展产业，为易地搬迁后续产业发展奠定思想基础。今后工作中，应该以习近平新时代中国特色社会主义思想为指引，深入贯彻落实党的十九大精神，结合自身经验，不断发展壮大现有产业，积极探索符合自身实际的运营模式，让更多群众参与到产业发展中来，从而促进一二三产业融合发展。同时，按照《青海省乡村振兴战略规划》，依托国家及青海省乡村振兴政策引导，以打造乡村振兴实践教育及青少年户外研学实践教育基地为亮点，以农业产业化及乡村特色产业为重点，以农业适度规模化经营为基础，通过村容村貌、基础设施、文化建设、治理体系等多方面建设的同步推进，将青海省各“贫困”地区打造成集教育培训、休闲旅游、乡村文化体验、现代农业生产、农特产品初加工等功能于一体的乡村振兴标杆。

玉树市、德吉村、班彦村和玛沁县的易地扶贫搬迁安置点工作是针对“一方水土养不起一方人”的实际，摸着石头过河走出的一条浅脑山区贫困群众易地搬迁脱贫致富和依托生态保护发展双赢的扶贫新路子。但是，在易地搬迁后续产业发展上还存在很多困难，许多工作还不够成熟，也存在不少短板。各地区应该以乡村振兴战略为契机，认真学习借鉴兄弟州县好的经验和做法，取长补短，全面完成易地扶贫搬迁安置点后续“清零”工作，为全面建成小康社会出一份力。易地扶贫搬迁中，整合各方资源是易地扶贫搬迁后续产业发展的关键。在易地搬迁后续建设中，充分发挥政府搭建平台，整合资源的作用，发动社会各方力量，整合部门资金，整体打造易地搬迁地区的基础设施和公共服务设施，为易地搬迁地区的后续产业发展奠定社会基础。找准发展和扶贫的契合点，做大做强后续产业。

（二）加强政策概念灌输，易地搬迁的农牧民要提高生存发展能力

贫困农牧民作为易地搬迁扶贫政策的主体之一，在很大程度上决定了易地搬迁的成功与否。搬迁群众的思想水平和认知程度也深刻影响着扶贫工作的开展与推进。因此，加强对农牧民的政策概念灌输，提高农牧民的政策意识，是政策顺利进行的有力保障。由于涉藏地区农牧民的知识水平有限，认知程度不高，因此需要从根本上改变农牧民的政策意识，使其充分理解该政策。政府作为与农牧民群体密切联系的主体，应当用农牧民易于接受的方式向农牧民详细解释该政策的惠利与本质，使其接受并认可此政策；另外，也可以利用调研、走访、参观等形式，让贫困农牧民真正感受到国家政策带来的好处，使其支持并愿意投身其中，从而达到面与质的结合。

脱贫攻坚的全面胜利，不仅补上了全面建成小康社会的最大短板，也朝着共同富裕的目标迈出了坚实的一大步，创造了人类减贫史上的伟大奇迹。我国解决了农村贫困地区的绝对贫困之后，还面临着许多相对贫困。相对贫困则更是摆在我们面前的一块硬骨头，解决起来更难，解决时间也更长。正如习近平总书记指出，我们必须深刻认识我国贫困问题的长期性、艰巨性、复杂性，即使全面建成小康社会目标实现，我国仍处于社会主义初级阶段，一定程度上的贫困问题肯定仍然会存在，要做好打持久战的思想准备。我国已取得被实践证明非常成功的解决绝对贫困的经验和做法，特别是新时代脱贫攻坚的基本经验，为我国未来进一步解决相对贫困提供了借鉴。我们应在汲取解决绝对贫困经验的基础上，进一步创新理论和方法，更好地解决相对贫困。①

脱贫摘帽是新生活、新起点，解决发展中存在的不平衡不充分问题，缩小区域、城乡发展差距，实现全体人民共同富裕仍然任重道远。中国已经进入了扎实推动共同富裕的新发展阶段，党的十九届五中全会已经为“十四五”及未来 15 年的国家发展做出了全面部署，其中将“民生福祉达到新水平，脱贫攻坚成果巩固拓展，乡村振兴战略全面推进”列为

---

① 张远新，董晓峰．论脱贫攻坚的中国经验及其意义［J］．浙江社会科学．2021（02）：4–10.

“十四五”时期的重要目标任务，将“改善人民生活品质，扎实推动共同富裕，不断增强人民群众获得感、幸福感、安全感，促进人的全面发展和社会全面进步”列为 2035 年基本实现国家现代化的重要目标任务，这预示着中国民生发展将从彻底解决区域性整体贫困和农村绝对贫困现象向着更加美好的共同富裕新时代阔步迈进。

参考文献

[1] 汪淑群，谢培菡 . 第三方评估视角下精准扶贫的经验与启示［J］. 学术交流 .2021（02）：67–69.

[2] 唐卫，童洪志，王清 . 多主体参与的地方高校扶贫“五方联动”模式创新 —渝东北贫困地区扶贫经验分析［J］. 乡村振兴研究 .2021（02）：1–11.

[3] 韩克庆 . 国际减贫事业的中国经验：治理规律与创新路径［J］. 人民论坛 .2021（04）：35–37.

[4] 吴田 . 金融精准扶贫：生态移民发展困境与解决路径［J］. 农业经济 .2021（03）：35–36.

[5] 周强 . 精准脱贫视阈下社会组织参与农村扶贫的路径［J］. 农村经济与科技 .2021（04）：197–198.

[6] 张远新，董晓峰 . 论脱贫攻坚的中国经验及其意义［J］. 浙江社会科学 .2021（02）：4–10.

[7] 梅耀云 . 贫困治理经验总结及成果巩固策略研究 ——以广东省为例［J］. 广东经济 .2021（03）：70–77.

[8] 赫英斌 . 全面建成小康社会视域下中国贫困 治理的经验总结与未来展望［J］. 哈尔滨学院学报 .2021（02）：35–38.

[9] 杨杰，秦杰，杨顺，丁睿，王雅婷 . 西北地区精准扶贫典型与经验调查研究 ——基于宁夏地区的实地调查［J］. 中小企业管理与科技 .2021（01）：49–50.

[10] 郭红军，刘佳琪 . 习近平的扶贫方法探论［J］. 科学社会主义 .2021（01）：36–42.

[11] 郑子青，郑功成 . 消除贫困：中国奇迹与中国经验［J］. 中共中央党校（国家行政学院）学报 .2021（04）：39–48.

第二章　光伏产业扶贫

引言

2020年是党和国家进入脱贫攻坚战的决胜阶段，这个阶段基本实现了“两不愁三保障”，基本完成了农村贫困人口全部脱贫，贫困县全部脱贫摘帽。自新中国成立以来，贫困一直成为阻碍我国经济发展的重要问题，党的十八大报告首次正式提出全面“建成”小康社会，使扶贫成为党、国家和人民关注的重要问题。2019年3月5日，国务院总理李克强在发布的2019年国务院政府工作报告中提出，对标全面建成小康社会任务，扎实推进脱贫攻坚和乡村振兴。坚持农业农村优先发展，加强脱贫攻坚与乡村振兴统筹衔接，确保如期实现脱贫攻坚目标、农民生活达到全面小康水平。消除贫困，逐步实现共同富裕，是我国全面发展的必要道路之一，全面建成小康社会的必要条件，也是中国共产党矢志不渝的奋斗目标。党和国家一直在致力于缓解和解决这个问题，颁布了一系列的扶贫政策，积极探索切实符合不同地区的精准扶贫模式。扶贫工作开展以来，在一系列的扶贫政策中，产业扶贫在精准扶贫道路上发挥了其持续性、稳定性、因地制宜等特点，成为精准扶贫中的主力军。而光伏扶贫作为精准扶贫与光伏产业相互融合的产物[①]，具有清洁、持续、模式多样化，资金投入量大，项目效益明显，风险小的特点，可以根据不同地区地理环境特点，因地制宜，发展不同模式的光伏产业，投产后将持续稳定增加贫困村集体经济和贫困户收入，也是发展壮大贫困村集体经济的有效载体。也顺应了习近平主席提出的“绿水青山就是金山银山”的绿色发展理念，充分利用太阳能这一清洁能源，增加贫困人口收入方式，创新精准扶贫模式。通过光伏技术不断的改进与运营，不仅能全面提高精准扶贫水平，降低光伏扶贫成本，提高

① 高富锋．董经圣：《光伏扶贫产业多元化演变路径研究》，华东电力大学学报（社科版），2020.8.

太阳能利用效率，还能促进光伏产业结构优化，产业发展规模化，不断有力地推动着全国新能源产业的前进。

习近平总书记曾指出："光伏发电扶贫，一举两得，既扶了贫，又发展了新能源，要加大支持力度。"由于石油、煤炭等资源的日益开发，产生的环境问题也越来越严重：雾霾、温室效应，气候变暖，大气污染等影响着人们的生产生活，同时资源也面临日益匮乏的难题。因此，新能源开发利用与推广一直以来都是我国比较重视的发展方向。我国还提出和规划了比较完善的扶持政策和措施，促进新能源的开发，提高运用新能源的技术水平，完善产业结构。光伏产业是新能源开发利用中的一项重要的组成部分。光伏产业主要是以太阳能这一新能源作为利用的对象，太阳能主要有环保、受地区限制性小、取之不尽用之不竭等特点，可以持续为贫困村或贫困户增加稳定的收入，具有巨大的发展潜力和优势。光伏扶贫通过发展新能源，建立村级电站、光伏大棚电站和用户屋顶光伏发电等途径，实现"自发自用、多余上网"，即贫困村或贫困户可以通过自己使用，并把多余的电量卖给国家；也可以直接将光伏电站系统并入国家电网，通过政府补贴部分电价，使贫困村获取收益等。

2014 年以来，根据党中央、国务院精准扶贫精准脱贫基本方略，各地政府创新开展产业扶贫工作，积极探索构建"新能源 + 扶贫"光伏扶贫模式。从 2015 年开始，光伏扶贫正式被国务院扶贫办确定为实施的"十大精准扶贫工程"之一。2017 年，国家能源局会同国务院扶贫办联合发布《关于下达"十三五"第一批光伏扶贫项目计划的通知》，该通知指出："为落实《中共中央国务院关于打赢脱贫攻坚战的决定》和中央扶贫工作会议精神，扎实推进光伏扶贫工作，在地方组织编制"十三五"光伏扶贫实施方案的基础上，经国家能源局会同国务院扶贫办联合审核，471 个光伏扶贫重点县中 236 个县具备下达条件。"因此，通过各省级能源主管部门和扶贫部门对扶贫项目的建设管理，银行等金融机构对项目建设贷款优惠政策机制和融资保障的落实，以及电网公司实现村级扶贫电站接网方案的运行，使全国一共在山西、青海、宁夏、吉林、海南等 14 个省（自治区）内的 236 个县建立了第一批光伏扶贫重点项目，共建立 8689 个村建电站，总装机规模达 4186237.852 千瓦，扶持了该地区 14556 个建档立卡贫困村的 710751 户建档立卡贫困户，见表 2–1。

表 2–1 “十三五”期间第一批光伏扶贫项目计划表

序号	省份	县（个）	建档立卡贫困村（个）	帮扶户数（户）	电站数量（个）	建设规模（千瓦）
1	山西	35	4478	163117	2859	1029461.04
2	青海	39	1627	68086	97	471600
3	宁夏	4	310	23598	306	99670
4	吉林	4	182	8523	120	53257
5	海南	1	5	189	5	1146
6	黑龙江	18	998	62305	724	349320.26
7	陕西	15	898	43836	468	244579.92
8	甘肃	29	1432	74240	767	428462
9	安徽	14	708	45172	662	253686.5
10	内蒙古	17	925	77134	755	367633
11	四川	16	423	3540	17	16996
12	河北	23	2006	90843	1412	615506.132
13	新疆	15	432	33335	378	197924
14	云南	6	132	16833	119	56996
全国合计	全国合计	236	14556	710751	8689	4186237.852

数据来源：《关于下达“十三五”第一批光伏扶贫项目计划的通知》2017.

通过表 2–1 可以看出，其中青海省作为国家精准扶贫的重点地区，有 39 个贫困县 1627 个建档立卡贫困村被纳入到光伏扶贫重点项目中，在全国扶贫电站建设中占有较大的比重，也说明青海省是国家光伏扶贫重点的省份之一。

这几年的精准扶贫实践表明，光伏扶贫清洁环保、技术可靠、收益稳定，是产业扶贫的新兴业态，是增加贫困村集体经济收入的有效方式，是精准扶贫精准脱贫的重要抓手。

一、光伏产业扶贫的基本情况（个案观察）

青海省位于中国西北内陆，其具有地理位置的特殊性，民族的多样性和生态环境的脆弱性等特点，是全国贫困区（县）集中的重点地区之一，全省有42个贫困县（市、区、行委）、1622个贫困村、53.9万[①]贫困人口，全省经济发展水平明显落后于全国平均水平，是实现脱贫攻坚战的难点地区。青海省地势总体呈西高东低，南北高中部低的态势，东部地区为青藏高原向黄土高原过渡地带，地形复杂，地貌多样，五分之四以上的地区为高原，东部多山，西部为高原和盆地，各大山脉构成全省地貌的基本骨架。各州县之间距离较远，交通设施建设难度大，可用于生产生活的地区少，大多数贫困村建立在高原和山区，出行不便利，对外交往交流困难，村与村之间相隔较远，区域间的经济关联性较差。全省贫困县和贫困村大多位于高海拔的高原或山地地区，可使用的交通工具较少，地理环境的特点也不利于大规模产业的产生、建立和发展。全省平均海拔3000米以上，导致日照时间长、辐射强；降水量少，地域差异大，缺氧、寒冷。人民可居住地区和耕种面积较少，气候条件不利于粮食耕种和大规模生产经济活动的开展。各民族间大杂居小聚居现象明显，且比重大，自治地方面积占全省72万平方公里总面积的98%，区域自治地方的少数民族人口占全省少数民族人口的81.55%。少数民族的对外交流少，文化水平较低，对汉字的学习少，多用本民族语言，加大了扶贫工作的难度。而且青海省作为长江黄河和澜沧江的源头，生态环境较为脆弱，水土流失严重，荒漠化、鼠灾等问题严重，以前经济发展水平的提高主要以牺牲环境为代价来进行，

① 来源：青海网，2020-04-22，https://www.qhwang.com/29301.html

大多为产业链多污染高的企业行业、煤矿企业等。而近年来随着我国生态保护意识的增强和绿色发展理念的提出，越来越多的企业进行产业结构转型，开始走生态经济发展的道路，以保护生态环境、绿色发展为主要发展途径。但由于地理区位、气候等因素的影响，全省产业结构单一，吸引和发展高水平人力资本能力低，高新技术发展水平落后，脱贫成果少，精准扶贫难度大、效果差。

与其他地区发展光伏扶贫产业相比，由于青海省位于青藏高原等高海拔地区，日照时间长，年均日照时数在3000小时以上，光照强度大，是全国太阳能辐射量最大的地区之一，雨季较短，太阳能资源丰富，对于发展太阳能光伏发电产业具有得天独厚的条件。光伏产业也契合了青海省绿色发展、生态经济的发展理念，能够促进经济与资源、环境的协调发展，提供一条新的可持续发展道路。因此光伏产业早在2005年省发展改革委关于《青海省全面建设小康社会规划纲要》中就曾提出过发展太阳能光伏电站，以解决偏远州县地区的用电问题；2011年《青海省“十二五”能源发展规划》提出要建成太阳能并网光伏电站3万千瓦，建设太阳能光伏电站12.5万千瓦；2013年国家能源局在青海西宁市组织召开了太阳能热发电选址工作方案和技术导则研讨会，并且在青海省海西、海北、海南、玉树、果洛、黄南六个州建立大型光伏发电站；2014年青海省人民政府办公厅《关于促进青海光伏产业健康发展的实施意见》提出：“完善产业链条，将青海建成全国重要的光伏制造业基地和最大的光伏发电基地，并依托光伏组件生产和并网运行技术，建设国家级光伏产业科研中心。”光伏产业成为青海省政府大力扶持发展的支柱产业之一。同时光伏产业发展中光热对设备的要求，拉动了青海省保温、矿业等多个产业的转型升级，带动了相关产业链的发展，形成了以生态经济为发展模式的新型产业结构。因此，这也为全省实施光伏扶贫项目提供了丰富的经验，有利于贫困村光伏电站和光伏屋顶、光伏大棚的建设，为光伏电站的建造提供了技术和人才上的支持，降低了技术成本等项目成本。青海省还能通过“光伏+畜牧业”“光伏+种植”等发展模式，在村集体创办农牧业生产经营合作社等服务实体，为各类市场主体提供加工、流通、仓储、劳务等有偿服务，扩大村集体市场，发展壮大村集体经济，加快推进农业农村现代化发展，实现“产业兴旺、生态宜居、乡风文明、治理有效、生活富裕”的发展目标。

2018 年青海省发展和改革委员会《关于下达“十三五”村级光伏扶贫项目指标的通知》（青发改能源【2018】216 号）提出了建设目标和总体要求，全省村级光伏扶贫项目总规模为 417.6 兆瓦，覆盖全省 39 个县的 1627 个贫困村，帮扶建档立卡户共 68086 户，项目建设 97 座村级电站。深度贫困县建设 43 个联村电站，覆盖 599 个贫困村，带动 29926 户贫困户；其余建档立卡村建设54个联村电站，覆盖1028个贫困村，带动38160户贫困户。

其中西宁市湟中、湟源、大通三个县共 75.4 兆瓦，建设村级电站 14 座，帮扶 330 个建档立卡贫困村，10879 户贫困户；海东市民和县、化隆县、平安区等 6 个县（区）共 190.8 兆瓦，建设村级电站 35 座，帮扶 634 个建档立卡贫困村，27499 户贫困户；海西州乌兰县、都兰县、德令哈市等 5 个县（市）共 11.7 兆瓦，建设村级电站 5 座，帮扶 119 个建档立卡贫困村，1709 户贫困户；海北州门源县、祁连县、海晏县等四个县共 23.1 兆瓦，建设村级电站 5 座，帮扶 86 个建档立卡贫困村，3350 户贫困户；海南州贵德县、贵南县，同德县等 5 个县共 50.5 兆瓦，建设村级电站 11 座，帮扶 172 个建档立卡贫困村，7269 户贫困户；黄南州库泽县、尖扎县、同仁县等 4 个县共 36.1 兆瓦，建设村级电站 7 座，帮扶 108 个建档立卡贫困村，5252户贫困户；果洛州玛沁县、达日县、班玛县等6个县共33.5兆瓦，建设村级电站 9 座，帮扶 74 个建档立卡贫困村，4860 户贫困户；玉树州杂多县、囊谦县、玉树市等 6 个县（市）共 50.5 兆瓦，建设村级电站 11 座，帮扶 104 个建档立卡贫困村，7268 户贫困户，如表 2-2 所示。

表 2-2 “十三五”第一批光伏扶贫项目计划表

序号	地市	县（个）	建档立卡贫困村（个）	帮扶户数（户）	电站数量（个）	建设规模（千瓦）
1	果洛藏族自治州	班玛县	13	662	1	4600
		达日县	13	927	2	6400
		甘德县	14	1000	2	6800
		久治县	9	642	1	4400
		玛多县	11	629	1	4400
		玛沁县	14	1000	2	6900
		小计	74	4860	9	33500
2	海北藏族自治州	刚察县	12	860	1	6000
		海晏县	12	285	1	1900
		门源县	44	1550	2	10700
		祁连县	18	655	1	4500
		小计	86	3350	5	23100
3	海东市	互助县	118	8292	10	57700
		化隆县	144	4237	5	29500
		乐都区	141	5616	7	39000
		民和县	125	6275	8	43400
		平安区	44	1019	2	6900
		循化县	62	2060	3	14300
		小计	634	27499	35	190800
4	海南藏族自治区	共和县	40	1381	2	1400
		贵德县	50	2400	3	5400
		贵南县	30	1037	2	1600
		同德县	29	956	2	2000
		兴海县	23	1495	2	1300
		小计	172	7269	11	11700
5	海西蒙古族藏族自治州	德令哈市	20	204	1	1400
		都兰县	43	778	1	5400
		格尔木市	16	238	1	1600
		天峻县	25	290	1	2000

续表

序号	地市	县（个）	建档立卡贫困村（个）	帮扶户数（户）	电站数量（个）	建设规模（千瓦）
5	海西蒙古族藏族自治州	乌兰县	15	199	1	1300
		小计	119	1709	5	11700
6	黄南州藏族自治州	河南县	16	770	1	5300
		尖扎县	37	1133	2	7800
		同仁县	29	1588	2	11000
		库泽县	26	1761	2	12000
		小计	108	5252	7	36100
7	西宁市	大通县	116	4913	6	34100
		湟源县	58	1041	2	7200
		湟中县	156	4925	6	34100
		小计	330	10879	14	75400
8	玉树藏族自治州	称多县	23	1645	2	11400
		囊谦县	28	2000	3	13800
		曲麻莱县	8	572	1	4000
		玉树市	25	1519	3	10600
		杂多县	12	858	1	6000
		治多县	8	674	1	4700
		小计	104	7268	11	50500
合计			1627	68086	97	471600

为了加快光伏扶贫快速有效率地进行，推进乡村振兴战略，有关部门和企业提供了一系列的绿色政策通道和金融资金支持，主要表现为：省电力公司优先将有关电网建设和改造纳入最新批次的农村电网改造升级投资计划中，制定接入系统规划，按照绿色通道高效办理接网手续，确保接网工程与光伏扶贫项目同期投运，为光伏扶贫项目的建设提供了强有力的支持；光伏扶贫项目资金投入量大，项目效益明显、风险小，投产后将持续稳定增加贫困村集体经济和贫困户收入，也是发展壮大贫困村集体经济的有效载体。根据建设总容量测算，全省项目总投资 33.012 亿元（最终以实

际招标价为准），1627个建档立卡村平均每村投资203万元，根据国务院扶贫办相关要求和建设计划，分年度安排财政扶贫资金用于村级光伏扶贫项目，每年安排11亿元，对于深度贫困地区，时间上安排优先倾斜政策。青海省扶贫开发局《关于贫困村发展村集体经济的扶贫资金用于光伏扶贫项目建设的通知》（青扶局【2018】18号）表明，要在全省实施村集体经济“破零”工程，计划按照贫困村50万元标准、有贫困人口的非贫困村40万元标准，扶持有建档立卡贫困人口的行政村发展村集体经济。已安排370个贫困村集体经济扶贫资金1.85亿元，年内实现全覆盖，即39个贫困县的1627个贫困村。为了提高财政扶贫资金有效配置和使用效率，将非贫困村发展村集体经济的扶贫资金切块到县，根据各县（市、区）的实际情况，立足县情村情，因村因势精准施策，探索不同经营主体的组织形式和经营发展模式。

青海省政府深入贯彻党的十九大精神，落实《中共中央国务院关于打赢脱贫攻坚战的决定》和中央扶贫精神，对于光伏扶贫项目建设进行多种政策支持，西宁市、海南州、海北州、海东市等6个州（市）也因此在光伏扶贫方面都取得了不俗的成绩。

（一）海南藏族自治州光伏扶贫发展情况

海南州认真贯彻青海省省委省政府“一优两高”的决策部署，树立生态保护优先理念，围绕打造三江源区绿色产业集聚发展先行区的目标，着力优化产业结构、积极转变发展方式，特别是紧紧抓住全省创建国家清洁能源示范省这一难得的历史机遇，依托自治州风、光、水能极为丰富的资源优势，强力推进清洁能源产业快速发展，在做大做强新能源这一绿色支柱产业上迈出坚实步伐，开启了具有海南特色的绿色产业发展新征程。

海南藏族自治州位于青海省东部，自治州境内地形以山地为主，四周环山，盆地居中，高原丘陵和河谷台地相间其中，地势起伏较大，复杂多样。全州平均海拔在3000米以上，最高点虽根尔岗海拔5305米，气候特征为干旱少雨、光照时间长、太阳辐射强。

海南州“十三五”第一批村级光伏扶贫项目采取“飞地”模式在海南州光伏园区集中建设，共建设海南州 5 县 11 个村级光伏扶贫电站。总装机容量 50.5 兆瓦，项目总投资 3.44 亿元，占地面积 1515 亩，扶持带动全州 172 个建档立卡贫困村的 7269 户建档立卡贫困户。项目于 2018 年 8 月 26 日开工建设，2018 年 12 月 31 日并网发电。村级扶贫电站平均年发电量约 8000 万度电，按照 0.75 元 /kwh 计算（上网电价 0.2277 元 /kwh，国家补贴 0.5223 元 /kwh），年收入能够达到 6000 万元。全州 172 个贫困村平均年收益达到 30 万元左右，连续收益 20 年。截至 2020 年 5 月底，已发电 1.2 亿千瓦时，总收益达 8892.75 万元，全州 172 个贫困村平均每村收益 51.4 万元。电站平均日发电量 23.38 万千瓦时，最高日发电量 35.64 万千瓦时。

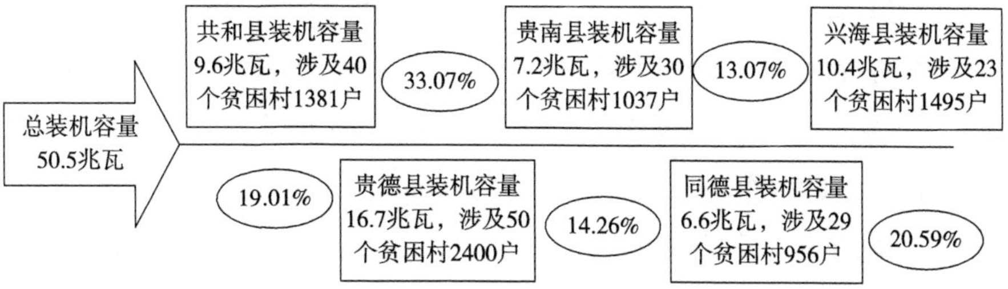

图 2–1　海南州光伏扶贫项目建设情况

全州村级扶贫电站 50.5 兆瓦，村级光伏扶贫电站总投资 3.44 亿元（EPC 施工费 34239 万元、监理费 35.66 万元、第三方质量检测费 141. 1943 万元、第三方质量检测招标代理费 1.4991 万元）。其中：共和县容量 9.6 兆瓦、资产金额 65427048.31 元，容量及资产占比 19.01%；贵德县容量为 16.7 兆瓦、资产金额 113815803.15 元，容量及资产占比 33. 07%，；贵南县容量为 7.2 兆瓦、资产金额 49070285.98 元，容量及资产占比 14.26%；同德县容量为 6.6 兆瓦、资产金额 44981095.15 元，容量及资产占比 13.07%：兴海县容量为 10.4 兆瓦、资产金额 70879301.41 元，容量及资产占比 20.59% 如表 2–3 所示。

表 2-3　海南州“十三五”村级光伏扶贫电站容量分解统计表

县	容量（KW）	容量及资产占比（%）	资产金额（元）
贵德县	16.7	33.07	113815803.2
共和县	9.6	19.01	65427048.31
同德县	6.6	13.07	44981095.15
贵南县	7.2	14.26	49070285.98
兴海县	10.4	20.59	70879301.41

海南州光电园区位于海南州共和县塔拉滩，以塔拉为起点，向西南拓展至共和县与兴海县交界处，东南部规划边界至龙羊峡库区西岸，总占地面积 609.6 平方公里，规划总容量 18700.5 兆瓦，其中光伏容量为 16500.5 兆瓦，光热容量为 2200 兆瓦，计划在 2025 年全部投产发电。截至 2019 年底已建成光伏容量 4450.5 兆瓦，光热容量 50 兆瓦，在建光伏容量 2500 兆瓦，规划新增光伏容量 9500 兆瓦，光热容量 2200 兆瓦。

海南州村级光伏扶贫电站净收益的 60% 用于贫困村村集体经济发展，40% 用于设置 5-10 个公益性岗位，扶持贫困人口就地就业，实现劳动取酬。2020 年，根据国务院扶贫办综合司、财政部办公厅《关于积极应对新冠肺炎疫情影响切实做好光伏扶贫促进增收工作的通知》（国开办司发〔2020〕3 号）要求，光伏扶贫发电收益的 80% 重点用于贫困人口增收，到户方式为贫困人口承担公益岗位工资和参加村级公益事业建设的劳务费用支出，20% 用于支持贫困村基础设施及公共服务项目的维修维护、党员干部教育、劳动技能培训、贫困家庭学生资助及培育乡村振兴特色产业等村集体经济。

海南州村级光伏扶贫电站建设不仅在精准扶贫打赢脱贫攻坚战上具有极佳的效果，还为当地带来了极大的生态效益、产业效益和经济效益。从生态效益来看：光伏电站的建成，使最大风速减小 22%，蒸发量减少 30%，空气湿度增大近 5%，草地含水量大增，土地沙漠化得到有效遏制，草场生态得到有效保护，园区企业积极帮助当地群众养起了“光伏羊”。截至目前，园区内“光伏羊”达到 3000 只。从产业效益来看：村级光伏电站的建成，进一步发展壮大了贫困村扶贫产业，实现全州 172 个贫困村集体经济“破零”，推进了贫困群众的持续增收，对于决战决胜脱贫攻坚具有里程碑式意义。从经济效益来看：光伏扶贫电站预计年发电量 8000 万度，按照上网电价和国家补贴共 0.75 元 /kwh 计算，年收益达到 6000 万元，扶持带动全州 172 个贫困村平均年净收益达到 30 万元左右，连续收益 20 年。

（二）玉树藏族自治州光伏扶贫发展情况

玉树藏族自治州位于青海省西南部青藏高原腹地的三江源头。首府驻玉树市，是青海的 8 个地级行政区之一，是青海省第一个、中国第二个成立的少数民族自治州；是长江、黄河和澜沧江的发源地。全州跨 4 个地貌区：长江源高平原区、唐古拉山高山区、巴颜喀拉山原区和昆仑积石高山区，大部分地区海拔在 4000–5000 米之间。玉树属长日照区，太阳辐射强，日照日数多，光能丰富。年日照时数分布趋势为称多、玉树、下拉秀以东地区较少，在 2500 小时以下；中部除杂多一带不足 2500 小时以外，其余地区在 2500–2700 小时之间；莫云、扎河以西、色吾沟、麻多以北地区在 2700 小时以上[①]，具有优良的光伏发电条件。

全州光伏电站本体建设由青海省政府全额投资，项目投资规模达 3.46 亿元，总容量为 50.5 兆瓦。玉树州六市县 104 个贫困村的光伏扶贫项目分治多县和曲麻莱县两个集中点建设，并同步启动了电网配套工程建设。外送线路由国家电网青海省电力公司配套建设。并网线路全长 9.38 千米，总投资 956.11 万元，从而实现了同步建成、同步投运。

项目于 2019 年 4 月 26 日全面启动开工建设，2019 年 6 月 26 日全面建成和并网发电。项目装机规模 50.5 兆瓦（其中：玉树市 10.6 兆瓦、称多县 11.4 兆瓦、囊谦县 13.8 兆瓦、杂多县 6 兆瓦、治多县 4.7 兆瓦、曲麻莱县 4 兆瓦），占全省光伏容量的 10.7%，年发电产值预期 5466.72 万元，扶贫收益 4348.72 万元，带动 1.34 万户 4.5 万贫困人口，是玉树历史上规

① 玉树藏族自治州地方志编纂委员会 . 玉树藏族自治州年鉴［M］. 青海：青海民族出版社，2016.12.

模最大的村级光伏电站，也是青海省内大规模村级光伏扶贫项目之一。至此，玉树州 104 个贫困村全部实现了光伏扶贫项目全覆盖。

玉树州光伏扶贫电站累计发电 10329.9 万千瓦时，已完成电价结算 4502.1 万元。按照曲麻莱县人民政府于 2020 年 7 月 30 日下达的《关于同意将曲麻莱“十三五”26 兆瓦村级光伏扶贫项目收益转入玉树市和称多县投资公司账户的批复》（曲政函〔2020〕283 号）以及治多县扶贫开发投资有限公司于 2020 年 9 月 30 日《关于“十三五”24.5 兆瓦村级光伏扶贫电站 2019 年 6 月至 2020 年 5 月基础电费和 2019 年 6 月至 2020 年 2 月财政补助电费收益分配报告》（治扶投函〔2020〕03 号）文件要求，各市县于 2020 年 9 月 30 日前已分别到账收益分配资金 2046.12 万元（其中：玉树市 280.9 万元、称多县 302.12 万元、囊谦县 755.62 万元、杂多县 337.204 万元、治多县 264.14 万元、曲麻莱县 105.99 万元），各市县都已将收益金拨付至各贫困村专户，各贫困村也根据省级收益分配管理办法要求，陆续发放了公益岗位工资，整体效益超过预期。

二、光伏产业扶贫的主要做法

为全面落实党中央、国务院、省委、省政府关于脱贫攻坚的决策部署，以精准扶贫、精准脱贫为主导，以发展贫困村集体经济为手段，以增加贫困群众收入为目标，通过村级光伏扶贫建设，培育青海省贫困村新型产业，实现全省保护生态和贫困群众脱贫的双赢。在依靠国家的方针政策下，青海省政府以及各州县（市）政府根据本地区的经济水平、发展状况、自然条件、地理环境等情况，因地制宜，制定了合理的村级光伏电站建设的实施方案和光伏扶贫收益分配管理工作指南。

（一）青海省村级光伏电站建设的实施方案

根据国家能源局、国务院扶贫办的部署和要求，结合青海省贫困地区产业发展状况、土地利用规划、贫困村贫困户分布、光照资源和电网承载能力等基本条件，实施2018年—2020年村级光伏扶贫工程，实现全省所有建档立卡贫困村全覆盖，力争2018年全部建成并网发电，最晚不超过2019年6月底。

1. 建设方式

为了保障村级电站工程质量和进度，确保后期运维安全持续高效，按照“规划、设计、建设、施工、运维”五统一的原则和“先建后补”的方式，统筹实施村级光伏电站建设。由省级层面统一招标，选择实力雄厚、有社会责任担当、信誉良好、扶贫业绩突出的企业，通过EPC总包进行建设，资金结算在项目并网发电后，根据下达资金额度分年度拨付，先期垫付资金利息由施工企业自行承担。

2. 组织管理

有光伏扶贫任务的县（市、区），通过充分发挥脱贫攻坚工作领导小组的统筹协调作用，明确各发改、国土、林业、农牧、电网公司等部门在项目备案、光伏用地预审、上网接入方案、国家可再生能源发电项目信息填报等方面的工作职责，落实村级光伏电站建设前期手续，确保接网工程与光伏扶贫项目同期投入运行。扶贫部门负责落实各项目对应的扶贫对象，严格按照《青海省村级光伏电站收益管理分配实施意见》进行发电收益的结转结算及分配管理。

3. 建设管理

县级政府通过健全光伏扶贫项目管理机制，统筹做好光伏扶贫项目的建设管理工作，按照《光伏扶贫电站管理办法》全面落实建设条件，并办理了项目备案等手续；根据国务院扶贫办印发的《村级光伏扶贫电站收益分配管理办法》，制定了符合青海省实际的《青海省村级光伏电站收益分配管理实施方案》，加强收益资金管理，实化细化公益岗位扶贫、小型公益事业扶贫、奖励补助扶贫等政策要求，并且杜绝了“一光了之”和单纯的发钱养懒汉的行为。

光伏扶贫项目建设严格按照批复的实施方案在完成备案后按期建设，各州县（市、区）则依据光伏发电项目建设质量管理和关键产品应用要求，跟踪检测建设企业采购技术先进、经过国家检测认证机构认证的产品，注重施工质量把控：一是购买20年的商业保险，确保发电效益；二是委托第三方机构对电站建设进行全过程监管，确保建设质量；三是建设全省村级光伏电站信息化管理平台，确保动态化管理和监测；四是实施统一运维，降低管理成本，提高管理效益。确保了项目长期可靠运行。

4. 项目验收

光伏扶贫项目验收委托第三方质量检测机构与电站建设质量同步进行。验收检查包括项目前期工作、建设过程及专项验收成果与光伏行业技术管理要求的符合性、关键设备参数与行业准入条件的一致性、工程建设质量保障性以及项目收益管理效果。省级能源会同扶贫部门委托第三方检测认证机构进行项目验收，通过验收的项目由第三方检测认证机构发放证书，并且由国家对各省上报验收材料进行抽查。

（二）青海省光伏扶贫收益分配管理工作指南

1. 保障年度预期收益

青海省纳入财政补贴目录的光伏扶贫项目共有53.8387万千瓦，其中村级电站47.16万千瓦，集中电站6.6787万千瓦。按照全省光伏电站年等效利用小时数测算，2020年度青海省光伏扶贫项目预期收益（含补贴部分）可达6.948亿元，加上以往拖欠的电价补贴拨付到位，全省光伏扶贫年度收益将迎来历年最高值。各地按照青海省扶贫开发局《关于做好光伏扶贫电站运维管理工作的通知》（青扶局［2020］14号）加强了对村级光伏扶贫电站后续运维管理，督促集中光伏扶贫电站兑现扶贫收益，确保光伏扶贫年度收益达到预期。

2. 按月结算拨付到村

光伏扶贫收益要按月与电力部门结算。各地结转机构专户要及时将光伏扶贫收益拨付到村，拨付时间原则上不得超过1个月。

3. 加大资金到户比例

光伏扶贫收益首先形成村集体经济收入。2020年，针对光伏扶贫收益，村集体进行二次分配，并将 80% 重点用于贫困户增收。到户方式以贫困人口承担公益岗位工资和参加村级公益事业劳务费用为主，对在防疫工作中表现突出的贫困户给予奖励，对受疫情影响生活陷入困境的贫困群众和因疫致贫返贫群众给予补助。并于每周四前报送“2020 年光伏扶贫公益岗位收益分配到户资金统计表”到青海省光伏扶贫协调领导小组办公室。

4. 规范公益岗位设置

为减少疫情对务工增收的影响，要充分利用光伏扶贫收益提供就地就近就业岗位，拓宽贫困群众增收渠道。公益岗位设置立足村情村况，包括保洁、绿化、防火、护路、护理及电站管护、档案管理、政策宣传等。增设防疫消杀、巡查值守、宣传疏导等防疫岗位。需要特别强调的是，每个公益岗位有制度规范和监管办法，并做到了逐月发放。工资标准按岗计酬，技高多得，多劳多得，差异分配，防止了“泛福利化”和“一发了之”的问题。

5. 加强政策培训指导

为指导做好光伏扶贫工作，国家能源局、国务院扶贫办编制印发《光伏扶贫工作百问百答》。各地通过认真组织学习，准确把握政策要求，结合本区域工作实际，制定了一系列的相关办法和细化措施，开展各类培训，确保收益分配规范合理。

6. 统筹光伏收益使用

光伏扶贫收益向贫困人口集中的贫困村倾斜。除单村电站外，联村光伏扶贫项目以贫困村规模、贫困户数量为主要指标确权到村，收益资金与帮扶贫困户数量基本保持匹配。部分光伏扶贫收益较多的贫困村，经村集体研究，受益对象延伸至建档立卡系统在册的边缘户。集中光伏电站扶贫收益部分，由县级统筹分配，用于帮扶非贫困村贫困户稳定增收。

7. 严格分配过程监管

2020 年，国务院扶贫办要求将收益分配有关数据录入全国光伏扶贫信息监测系统进行全面监管。各地依托青海省省光伏扶贫大数据平台，由县级光伏扶贫平台导入全国光伏扶贫信息监测管理系统。贫困村光伏扶贫收益分配，制定收益分配计划，严格落实公示公告制度，分村建立台账，设立账簿和科目，做到线上和线下数据保持一致。

（三）海南州村级光伏电站建设的实施方案

1. 建设规模及资金来源

（1）项目建设规模。海南州“十三五”第一批光伏扶贫项目通过“飞地”模式在海南州光伏园区建设，共建设5个光伏扶贫重点县的村级光伏扶贫电站，总装机规模50500千瓦，扶持对象为全州172个建档立卡贫困村的7269户建档立卡贫困户。其中：共和县总装机规模9600千瓦，涉及建档立卡贫困村40个，建档立卡贫困户1381户；贵德县总装机规模16700千瓦，涉及建档立卡贫困村50个，建档立卡贫困户2400户；贵南县总装机规模7200千瓦，涉及建档立卡贫困村30个，建档立卡贫困户1037户；同德县总装机规模6600千瓦，涉及建档立卡贫困村29个，建档立卡贫困户956户；兴海县总装机规模10400千瓦，涉及建档立卡贫困村23个，建档立卡贫困户1495户。

（2）项目建设资金。项目总投资3.44亿元（其中：共和县投资0.65亿元，贵德县投资1.13亿元，贵南县投资0.49亿元，同德县投资0.45亿元，兴海县投资0. 71亿元），资金来源为财政专项扶贫资金，征地费用由各县政府承担。光伏扶贫项目所形成的固定资产投资按相应规模计入各县。

（3）项目建设期限。项目于2018年5月1日开工建设，至10月31日全部建成并网发电，2018年11月统一组织验收。

2. 项目建设管理

按照“中央统筹、省负总责、州县抓落实”的总体要求，海南州“十三五”第一批光伏扶贫项目通过“飞地”模式建设村级光伏电站，确权给相对应的贫困县和贫困村，由州扶贫部门集中统一管理，统筹推进各项工作。

（1）州级层面成立由发改、财政、扶贫、国土、农牧、林业、环保、绿色产业园管委会、市场监管、供电公司等部门组成的光伏扶贫管理办公室，主要负责村级光伏电站确权、光伏扶贫子系统的维护，收益分配动态监测、后期运营维护及收益分配使用监督管理，以及按照光伏项目属地管理原则，做好所属行政区内备案工作，推广宣传光伏扶贫工作好做法、好经验等。并组建海南州扶贫开发有限责任公司，主要负责光伏扶贫工程建设与运营；光伏发电项目的开发、建设、维护、经营管理、技术咨询。与施工企业签订 EPC 施工及分期结算工程建设款合同，按规定收取履约保证金和工程质量保障金，协助劳动部门收取农民工工资保证金等具体工作。

（2）县级层面参照州级成立光伏扶贫项目管理办公室，并配合州级光伏扶贫管理办公室完成项目建设的管理、协调工作，及时筹集项目建设征地费用，做好全县内村级电站确权及收益分配工作，协助州级光伏扶贫管理办公室全面做好项目后期管理运营工作，并按月向省州主管部门报送工程进度情况。

（3）其他行业部门按照州扶贫开发工作领导小组的统筹安排，由州发改委全面负责光伏扶贫电站的前期建设工作，州扶贫局负责光伏扶贫电站的后期运营维护及收益分配使用的监督管理工作，国土、农牧、林业、环保、市场监管等部门全面配合扶贫部门落实电站选址及用地许可，办理电站用地手续，落实村级光伏电站站址红线图并纳入全省土地利用总体规划；按照行业管理标准，落实环保要求，办理环评相关手续；办理项目开工许可，确保项目如期开工建设；按照项目技术方案不定期对项目建设质量、关键技术产品进行跟踪监测和质量把控，按工程进度向州扶贫开发领导小组办公室报送质量检测结果。

（4）按照光伏电站“规划、设计、建设、施工、运维”五统一的原则和“先建后补”的付款方式统筹实施村级光伏电站建设，项目由省级层面统一招标，并通过 EPC 总包进行建设，资金结算在项目验收合格后按照“先建先得”的方式分三个年度拨付。省级财政扶贫资金切块到县后，由县级扶贫部门负责分年度拨付。

3. 项目建设要求

（1）各县扶贫开发工作领导小组成立光伏扶贫协调领导小组及其管理

办公室，领导小组组长由脱贫攻坚领导小组组长兼任，成员单位为发改、财政、扶贫、国土、农牧、林业、环保、市场监管、供电公司等，办公室主要承担光伏扶贫规划编制、协调各成员单位，按照领导小组要求，落实部门工作职责，定期向领导小组汇报光伏扶贫工程建设进度等相关工作。

（2）各县根据《青海省光伏扶贫收益分配管理指导意见》，结合实际制定《光伏扶贫收益分配实施细则》，按照动态管理要求，统筹安排和兑现发电收益，落实项目对应的扶贫对象，并按项目的对应关系将有关信息在国家可再生能源发电项目管理平台填报，在情况变化时做到及时更新。

（3）光伏扶贫项目时间紧、任务重、建设质量要求高，各县要高度重视，加强项目建设事前、事中、事后的监管，要会同发改、市场监管、纪检部门跟踪项目管理，掌握项目建设进度，收集整理项目建设相关资料，全方位做好对施工企业的监督监管和协调服务，确保全州光伏扶贫项目顺利实施并发挥效益。

（四）海南州光伏扶贫收益分配管理

1. 收益管理

明确项目适用范围。海南州光伏扶贫项目，包括50兆瓦试点项目（以下简称“试点项目”）、50.5兆瓦村级项目（以下简称“村级项目”），以及后期开发建设的、具有扶贫性质的光伏项目等。

明确项目受益对象。光伏扶贫项目受益对象为建档立卡贫困村和贫困户。2020年前，受益对象主要是建档立卡贫困村和纳入光伏扶贫信息系统的贫困户；2020年后，受益贫困村保持不变，受益贫困户可根据实际动态调整，“试点项目”原则上在项目县内调整，调整权限在县级。“村级项目”在项目村内调整，调整权限在村级。

明确项目资产主体。坚持“谁投资、谁持有、谁管理”的原则，“试点项目”资产，由投资企业持有和管理，上缴收益资金由县级扶贫部门管理。“村级项目”资产，由州扶贫开发有限责任公司按照分配的指标容量确权给各县，再由各县按照分配的指标容量确权给各贫困村，项目资产和收益由州扶贫开发有限责任公司管理。

2. 收益分配

（1）明确收益使用途径。

“村级项目”净收益全部纳入村级集体财务收入支出管理、专账核算，用于发展村集体经济和扶持贫困人口增收。“村级项目”净收益的 60% 作为村集体经济使用，主要用于贫困村基础设施及公共服务项目的维修维护、党员干部教育、劳动技能培训、贫困家庭学生资助及发展村级产业等方面。“村级项目”净收益的 40% 和“试点项目”扶贫收益资金，主要用于贫困村和有建档立卡贫困户的非贫困村通过设置公益性岗位、以奖代补、以工代赈等形式，扶持贫困人口增加收入，实现劳动取酬。

（2）合理确定支出标准。

建档立卡贫困户为光伏扶贫项目的受益主体。州扶贫开发有限责任公司负责村级光伏扶贫电站发电量核算，按季度将五县总发电量集中结算后，根据各县实际装机容量比例分摊至各县。各县根据受益贫困人口实际，对有劳动能力、半劳力和弱劳力贫困户设置相应的公益性岗位，通过综合考虑劳动强度及其家庭人口数量、生活状况给予差异化对待，实行精准扶贫政策，不搞普惠制和一刀切。

（3）严格分配使用程序。

在光伏扶贫项目收益中，用于扶持贫困人口增收部分，严格按照按户申请、村级评议、乡镇审核、县级审批的工作程序进行分配和使用；用于展示村集体经济使用支出部分，严格落实“四议两公开”制度，资金使用结算账内公示，由县级跟进指导，加强监督落实，纪检部门也将资金使用情况纳入巡察的重要内容，确保光伏扶贫资金合理支出、从严管控。

（4）从严管控成本支出。

光伏扶贫电站的运营成本和费用支出按照有关规定和要求，从严管控，合理支出。“村级项目”电站运营成本，主要包括站内设备维护、检修、耗材及组件保养、清洗等运维费用，以及电站设备场用电、技改工程、各项税收、消防、检测检验、大数据维护、土地租赁、330KV 思明变电站运维等相关费用，运营成本列入发电成本核算，从项目收益中支出。州扶贫开发有限责任公司人员工资、办公经费、管理费用等开支，按照1%的标准纳入“村级项目”管理成本，由省级项目公司提取后分配至州扶贫开发有限责任公司。“村级项目”的运维，在5年质保期内，由建设企业负责运维，之后村级电站运维仍由省级层面统筹，在全国范围统一招标，优中选优，吸引更多优质企业参与村级电站运维。

3. 岗位设置

（1）公益岗位根据村内公益事务需求和有劳动能力、半劳力和弱劳力的身体状况、个人特长，合理灵活设置公益岗位，村级公益岗位设置主要分为3大类。管理服务类，主要包括社会治安巡逻员、邻里矛盾调解员、违法建设监督员、安全生产监督员、环境保护巡查员、护林防火协查员、卫生保洁协助员，主要职责是在村内进行经常性的巡查，第一时间反馈给村“两委”。政策宣传类，主要包括党的政策宣讲员、移风易俗宣传员、扶贫政绩宣传员，主要由一些贫困户中的老党员和有一定文化水平的贫困人员担任此类岗位。脱贫互助类，主要包括贫困户信息协查员、扶贫资产管理员、孝心基金协理员、扶贫理事协理员等，主要职责是协助村“两委”工作，参与村里贫困户信息采集、扶贫资产、项目管理，推进扶贫有关事务。各村根据本村实际探索出适合本村需求的其他公益岗位，使建档立卡贫困户通过力所能及的劳动获得相应报酬，坚决杜绝简单发钱养懒汉的现象。

（2）公益岗位采取双向选择的方式，先由有劳动能力、半劳力和弱劳力的贫困人员根据自身年龄、文化程度、爱好特长等自愿选择公益岗位；对不愿从事公益岗位的，村“两委”民主讨论决定为其安排相适应的公益岗位，激发内生动力，鼓励贫困户通过劳动脱贫。各公益岗位双向选择确定后，在村务公开栏内进行公示，公示期5天。公益岗位工薪标准原则上参照年度青海省最低工资标准的50%确定。成立由“两委”成员、党员代表和村民代表组成的考评小组，每半年对公益岗位工作完成及个人表现情况进行考评，根据考评结果，差异化分档发放收益补助并实行动态管理。

无劳动能力的建档立卡贫困户，由村“两委”组织召开村民大会或村民代表大会，通过民主评议无异议后，按每户每年3000元标准发放补助；评议为“不称职”，存在涉黑涉恶，严重违法违纪的应适当扣除或取消受益补助。所有收益分配到户资金均以“一卡通”方式结转到收益户。

4. 收益监管

（1）完善制度措施。各县根据实际，完善工作制度，规范操作流程，有序推进工作落实。通过健全完善民主评议、公示公告、报备审批、监督管理等制度措施，有效保障群众合法权益，切实发挥项目效益。

（2）落实部门责任。县级扶贫部门切实履行好光伏扶贫收益管理使用工作的牵头责任，落实制度措施。强化工作指导，县纪委监委、财政、发改、审计、市场监管等部门，根据部门职责，切实做好协调服务、跟踪审计、监管指导等方面的工作。

（3）加强项目监管。通过加强对光伏扶贫项目资金的全过程监管，确保项目运行安全、收益用途清楚、资金使用高效。绝对禁止将项目收益用于宗教活动、村办公场所装修和村“两委”工作经费等。对违规操作、截留、挤占、挪用项目收益资金的，依法依规严肃处理。

5. 具体要求

各县通过省州提供的指导意见，再结合地方实际，研究制定出使用管理办法，细化分配方案，实化管理措施，落实相关制度。各县光伏扶贫项目收益资金使用管理办法，须经县级政府会议研究、州级扶贫部门审核后，报省光伏扶贫协调工作领导小组办公室备案。

三、光伏产业扶贫取得的成效

青海省通过建立光伏扶贫项目，在推动国家精准扶贫和实现脱贫攻坚上取得了巨大的成效，在提升贫困村和贫困人口发展积极性上面发挥了重要作用，在光伏扶贫收益方面取得了历史性最高值，进一步增加了扶贫产业种类，提高了贫困户脱贫、减贫的速度，实现贫困户收益的持续增收，使全省精准扶贫水平得到显著提升，为贫困县、贫困村带来了巨大的经济效益和生态效益。

（一）经济效益

全省纳入财政补贴目录的光伏扶贫项目共有 53.8387 万千瓦，其中村级电站 47.16 万千瓦，集中电站 6.6787 万千瓦。按照全省光伏电站年等效利用小时数测算，2020 年度我省光伏扶贫项目预期收益（含补贴部分）可达 6.9484 亿元，其中包括村级电站收益 52236.6 万元，集中式电站收益 17247.88 万元，加上以往拖欠的电价补贴也逐渐拨付到位，全省光伏扶贫年度收益将迎来历年最高值。（见表 2–4）

表 2–4　2020 年全省光伏扶贫预期收益指标

县（市区）	纳入财政补贴规模容量			村级电站收益（万元）	集中式电站预期收益（万元）	预期总收益（万元）
	村级电站（万千瓦）	集中电站（万千瓦）	合计（万千瓦）			
全省	47.16	6.6787	53.8387	52236.600	17247.8768	69484.4768
西宁市	7.54	0.4669	8.0069	8199.750	507.7538	8707.5038
大通县	3.41	0.0000	3.4100	3708.375	0.0000	3708.3750
湟源县	0.72	0.0000	0.7200	783.000	0.0000	783.0000
湟中县	3.41	0.4669	3.8769	3708.375	507.7538	4216.1288
海东市	19.08	1.4007	20.4807	20749.500	1834.6836	22584.1836
互助县	5.77	0.4669	6.2369	6274.875	643.1548	6918.0298
化隆县	2.95	0.0000	2.9500	3208.125	0.0000	3208.1250
乐都区	3.90	0.0000	3.9000	4241.250	0.0000	4241.2500
民和县	4.34	0.2338	4.5738	4719.750	298.3288	5018.0788
平安区	0.69	0.0000	0.6900	750.375	0.0000	750.3750
循化县	1.43	0.7000	2.1300	1555.125	893.2000	2448.3250
海南州	5.05	3.9683	9.0183	6438.750	5317.6221	11756.3721
共和县	0.96	3.2676	4.2276	1224.000	4269.3749	5493.3749
贵德县	1.67	0.0000	1.6700	2129.250	0.0000	2129.2500
贵南县	0.72	0.2338	0.9538	918.000	349.7648	1267.7648

续表

县（市区）	纳入财政补贴规模容量			村级电站收益（万元）	集中式电站预期收益（万元）	预期总收益（万元）
	村级电站（万千瓦）	集中电站（万千瓦）	合计（万千瓦）			
同德县	0.66	0.0000	0.6600	841.500	0.0000	841.5000
兴海县	1.04	0.4669	1.5069	1326.000	698.4824	2024.4824
海北州	2.31	0.0000	2.3100	2945.250	0.0000	2945.2500
刚察县	0.60	0.0000	0.6000	765.000	0.0000	765.0000
海晏县	0.19	0.0000	0.1900	242.250	0.0000	242.2500
门源县	1.07	0.0000	1.0700	1364.250	0.0000	1364.2500
祁连县	0.45	0.0000	0.4500	537.750	0.0000	537.7500
果洛州	3.35	0.3759	3.7259	3517.500	473.6340	3991.1340
班玛县	0.46	0.0000	0.4600	483.000	0.0000	483.0000
达日县	0.64	0.0000	0.6400	672.000	0.0000	672.0000
甘德县	0.68	0.0000	0.6800	714.000	0.0000	714.0000
久治县	0.44	0.0000	0.4400	462.000	0.0000	462.0000
玛多县	0.44	0.3759	0.8159	462.000	473.6340	935.6340
玛沁县	0.69	0.0000	0.6900	724.500	0.0000	724.5000
海西州	1.17	0.0000	1.1700	1292.850	0.0000	1292.8500
德令哈市	0.14	0.0000	0.1400	154.700	0.0000	154.7000
都兰县	0.54	0.0000	0.5400	596.700	0.0000	596.7000
格尔木市	0.16	0.0000	0.1600	176.800	0.0000	176.8000
天峻县	0.20	0.0000	0.2000	221.000	0.0000	221.0000
乌兰县	0.13	0.0000	0.1300	143.650	0.0000	143.6500
黄南州	3.61	0.4669	4.0769	3790.500	490.2450	4280.7450
河南县	0.53	0.0000	0.5300	556.500	0.0000	556.5000
尖扎县	0.78	0.0000	0.7800	819.000	0.0000	819.0000
同仁县	1.10	0.4669	1.5669	1155.000	490.2450	1645.2450
泽库县	1.20	0.0000	1.2000	1260.000	0.0000	1260.0000
玉树州	5.05	0.0000	5.0500	5302.500	0.0000	5302.5000
称多县	1.14	0.0000	1.1400	1197.000	0.0000	1197.0000
曲麻莱县	0.40	0.0000	0.4000	420.000	0.0000	420.0000
玉树市	1.06	0.0000	1.0600	1113.000	0.0000	1113.0000

续表

县（市区）	纳入财政补贴规模容量			村级电站收益（万元）	集中式电站预期收益（万元）	预期总收益（万元）
	村级电站（万千瓦）	集中电站（万千瓦）	合计（万千瓦）			
囊谦县	1.38	0.0000	1.3800	1449.000	0.0000	1449.0000
治多县	0.47	0.0000	0.4700	493.500	0.0000	493.5000
杂多县	0.60	0.0000	0.6000	630.000	0.0000	630.0000

光伏扶贫收益首先形成村集体经济收入。2020年，针对光伏扶贫收益，村集体进行二次分配，并将80%重点用于贫困户的增收。主要以贫困人口承担公益岗位工资和参加村级公益事业劳务费用为主，对在防疫工作中表现突出的贫困户给予奖励，也对受疫情影响生活陷入困境的贫困群众和因疫致贫返贫群众给予一定的补助。

光伏扶贫收益通过向贫困人口集中的贫困村倾斜，使集中贫困区的贫困户首先获得增收。除单村电站外，联村光伏扶贫项目以贫困村规模、贫困户数量为主要指标确权到了村，使贫困村直接享受光伏扶贫收益，收益资金与帮扶贫困户数量上保持匹配。部分光伏扶贫收益较多的贫困村，受益对象延伸至建档立卡系统在册的边缘户。集中光伏电站扶贫收益部分，都由县级统筹分配，使非贫困村贫困户也实现稳定增收。

（二）生态效益

青海省的生态环境一直较为脆弱，因此村级光伏扶贫电站的建立也提高了全省的生态环境建设，一定程度上保护了生态环境，使青海省部分地区的蒸发量和最大风速降低，空气湿度得到提高，草地含水量大增，土地沙漠化得到有效遏制，草场生态得到有效保护，使生态环境获得良性循环。这主要是由于光伏电站的建成，大面积的太阳能光伏板代替了一部分光秃秃的沙石地面和荒漠，通过结合各地区的土壤、水量等因素，在光伏板下种植了高原生态作物或牧草，而光伏板需要定期的清洗、维护，清洗下渗的水为作物和牧草的生长提供了保障。并且通过引入“牧光互补”模式，在光伏园区内养羊、牛等牲畜，不仅帮助清除园区内的牧草，还为园区带来额外的生态收益。

四、光伏产业扶贫存在的问题

（一）项目建设资金缺乏

光伏产业属于资本密集型产业，而光伏产业扶贫项目建设资金缺乏问题是光伏产业扶贫工程存在的最大问题，制约着光伏产业扶贫的长足发展。资金缺乏主要指光伏产业扶贫项目建设需要投资的资金（财政资金、企业资本、金融资本、贫困户自筹）筹集不到位，这将直接影响扶贫效果。光伏产业扶贫项目的建设资金来源主要有三个：一是政府扶贫资金，二是贫困户自筹和贷款，三是企业投资或捐赠。根据前文总结出的资金方面面临的挑战，一是国家扶贫资金有限，二是贫困户缺乏资金，三是企业参与度不高。光伏产业扶贫项目工程浩大，光伏电站前期投资成本较大，项目收益回收周期较长，在资金来源不同的扶贫模式下，项目建设资金缺乏是核心问题，而且在我国光伏产业扶贫可持续发展的愿景下，依靠政府对光伏产业扶贫有限的资金和补贴是不可取的。目前我国光伏投资企业的垫付能力不是很强，几乎都不能满足光伏产业扶贫项目的前期资金投入，尤其对于青海省一些特别贫困的地区，贫困户需要筹集的资金也是难以承担，这对于光伏产业扶贫可持续发展带来极大的挑战。

贫困户贷款的光伏产业扶贫模式下，对于特别贫困的农户可以申请低息银行贷款进行融资，但目前银行贷款依然采取传统繁杂的贷款程序，其回款慢、收益很低，一般银行对这类项目的放贷都不是很上心，贫困户作为承贷主体处于弱势地位，融资渠道不畅通，国家的扶贫贴息政策对贫困户和贫困村的直接带动作用不明显，从而导致光伏产业扶贫项目在资金融资方面存在难题，光伏产业扶贫模式下的项目开展达不到预期效果。

（二）扶贫收益依赖补贴

光伏产业扶贫确实可以带动贫困户实现增收，但我国光伏产业扶贫还严重的依赖政府补贴来帮助贫困户实现稳定收入，同时还存在收益结算滞后的问题，这对于我国光伏产业扶贫在全国范围内推广实施，不具有可持续性。通过对光伏产业扶贫机制、模式及实地考察发现，由于是国家政策扶持试点地区开展的光伏产业扶贫工程，目前我国光伏产业扶贫收益在一定程度上依赖国家补贴。这是由于光伏产业发电成本较高，每度电上网电价远高于火力发电的上网电价，收益需要依赖国家财政补贴。在 2018 年 1 月 1 日以前光伏发电不论哪种上网形式的光伏产业扶贫模式，国家均直接补贴 0.42 元 / 度，在不同地区还有地方政府补贴，虽然光伏产业随着科技快速发展，光伏发电上网电价逐年在下降，但政府补贴依然是贫困户的主要收益来源。

例如，青海省共和县光伏产业扶贫标杆上网电价0.88元/度，补贴0.52元 / 度，可以看到我国光伏产业扶贫电站的发电收益一半以上靠的是国家补贴，补贴成为光伏产业扶贫收益的主要来源。从经济学角度来看，光伏产业扶贫前期投资较大，依赖国家政策支持和企业资本的加入，光伏产业扶贫才得以顺利开展；从出资模式来看，贫困户看似不存在前期建设资金投资困难，并且还能获得稳定的收益，这对于贫困户来说确实能起到扶贫效果。但是对收益分配深入分析后，研究者发现由于光伏产业市场还未完全打开，成本较高，因此光伏产业扶贫前期投入高，若没有政府的补贴，光伏产业扶贫很难进行下去。调研还发现，发电收益不能按时兑现，特别是政府补贴的部分会出现延迟结算。由于政府补贴根据发电量进行结算，中间需要一定的时间进行审批核算，故存在收益结算滞后现象，不能及时获得补贴资金，在上级补贴不能及时拨付的情况下，需要县政府拿出大量资金先行补贴，这将会大大加大县财政压力。

（三）后期运维保障不足

调研发现，我国光伏产业扶贫后期运维保障不足，主要表现在缺乏对后期运维管理做出相关说明的政策文件，还有一些贫困地区电站比较分散以及实施模式的原因增加了后期运维管理的难度，同时不同的光伏产业扶贫模式有不同的后期运维问题，导致光伏产业扶贫后期运维存在保障不足的挑战。为了保障光伏产业扶贫电站发电量以及25年生命周期，需要定期对光伏系统进行维护，光伏电站主要的维护工作是擦拭组件，但是不同地区雨季时长不同，相应的系统维护工作安排也将不同。实地调研发现每个村级光伏电站或更大的集中式电站都会有专人看守，但还需要专门负责光伏产业扶贫电站的后期维护人员对其进行定期擦拭，使得光照被光伏板很好地接收转换。除此之外，贫困地区经常发生盗窃和恶意破坏电站的事件，可能会对后期光伏产业扶贫电站的维运造成困难，雇专人看守光伏产业扶贫电站中的组件等设备可以避免或减少此类事件的发生，因此后期维护是非常有必要的。

五、对策措施

（一）政府引导缓解资金需求

充分运用政府“有形的手”进行资金筹集，支持光伏产业扶贫项目。我国政府要结合实际情况，拓宽资金渠道，多方位筹集扶贫资金，提高企业的参与度，出台一些鼓励企业参与、银行给予农民惠民贷款等优惠政策。针对项目建设资金缺乏的挑战，建议政府开办光伏产业扶贫专项基金，对于需要资金帮助的省份给予资金帮助，严格把关光伏产业扶贫资金的投资，强化地方政府各级官员对于国家优惠政策的理解，帮助贫困户找到解决融资难的路径。政府对于光伏产业扶贫项目面临资金缺乏的挑战可以采取金融支持，这需要各大企业和银行机构协同合作。政策性发展银行和商业银行，应该及时编制光伏产业扶贫金融服务方案，研究创新贷款模式，优化担保方式，加大信贷支持力度，简化贫困户贷款程序。比如，开展光伏产业扶贫专项扶贫贷款业务，对于贷款期限延长和利息下降的优惠贷款给予专项贷款，在政府大力支持下推动光伏精准扶贫。

政府需要做好引导，调动企业和贫困户参与融资的积极性。国家补贴毕竟是有限的，让光伏企业和贫困户承担不同比例的建设费用，充分利用政府出台的光伏产业扶贫优惠政策，如政府积极引进民营企业的加入，提高企业的参与度，鼓励包括银行在内的金融机构为光伏产业扶贫提供低成本融资，同时加强光伏企业实施光伏产业扶贫项目的科学性，增强贫困户主观能动性和主体意识，以解决建设资金缺乏的挑战。还可以搭建专门承担光伏产业扶贫开发的投融资主体，由其统一实施、统一承贷、选择建设光伏电站的企业、统一落实政府购买服务，即 PPP 光伏产业扶贫融资方式。

（二）技术进步促使发电成本下降

光伏产业扶贫是一项关乎 20 多年收益的民生工程，但是由于政府政策的支持，光伏发电补贴成为贫困户收益的主要来源。为了解决这一问题，需要充分运用政府这只“有形的手”，破解光伏产业扶贫严重依赖补贴获得收益的难题。

随着光伏企业技术进步和新技术的发展，光伏应用也将呈现出多样化融合发展的趋势，在政府政策的鼓励支持下，光伏产业与扶贫、农业、互联网等领域不断融合，刺激了光伏产业的发展。同时，有实力的大企业加入光伏产业扶贫，也会减少光伏产品质量问题和后期运维困难等问题。

政府一方面可以在一定区域范围内，颁布统一光伏产业扶贫项目技术要求等的方案通知，进行统一招标，有了一定规模和数量以后，大型光伏企业就更容易介入，这样就可以让专业化、有实力的大企业来做光伏产业扶贫项目。另一方面政府可以鼓励光伏企业在光伏产品成本上做文章，在技术进步的推动下实现光伏产品成本降低。在光伏产业扶贫项目的实践中，要充分发挥财政资金和政府采购支持光伏发电技术进步的作用，采取差别化的市场准入标准和支持政策，加速淘汰技术落后产品，支持先进技术产品扩大市场，调动企业创新技术的积极性，从而降低光伏发电成本，不依赖国家补贴，最终实现光伏产业发电平价上网结果。支持鼓励有专业化水平的大企业参与光伏产业扶贫项目，保障光伏产品质量，同时可以由政府牵头，选择一批有实力、有经验、有社会公益心的大型光伏企业，以行政区域划分进行统一规划、项目实施、后期运维管理，以确保建设质量。并且鼓励承担光伏产业扶贫项目的企业，特别是实力和资金雄厚的光伏企业，通过科技创新和科技进步，加快光伏产品成本下降的步伐，尽早使得贫困户摆脱政府给予的补贴收益。

（三）光伏企业做好后期运维

针对后期运维困难的挑战，可以借鉴山西省天镇县后期运维管理模式，建立健全光伏产业扶贫项目建设相关资质管理、质量管理、竣工验收、运行维护、信息管理等全过程质量监管体系，依托平台公司做好后期运维管理工作，该平台公司聘用自动化专业持有电工证等专业人才团队以及专门清洗光伏组件的团队，并通过互联网对各个光伏产业扶贫电站做实时监测分析，保障后期运维管理。对此，光伏企业为了做好后期运维管理，需要吸纳大量涉及光伏电站运维相关专业的专门人才，主要进行电站检修、技改、后期监管、定期清洁组件和安全管理等工作。

光伏产业扶贫承建企业应该树立以贫困户为中心的理念，注重产品质量和后期运维服务，实现多元化的营销策略，只有质量上去了，才能保障光伏产业扶贫项目寿命和 25 年稳定收益，也才能带来创收脱贫的结果。

同时，还应建立健全光伏产业扶贫项目全程监管体系和问责机制。从项目开始到结束都要有一套严格的程序和监管评价机制。首先，地方政府从项目实施开始监管，做好相关资质管理、质量管理、项目验收、运行维护、信息管理等全过程质量监管体系，以确保光伏产业扶贫项目科学落实，保证长期稳定运行。其次，地方政府需要全力支持项目开展，作为项目实施的后盾，保障光伏产业扶贫项目顺利落实和产生稳定收益。光伏企业愿意接手光伏产业扶贫项目，一方面是建立在地方政府已经把并网和用地问题等处理好的前提下，这样既可以节省时间，还可以节省成本；另一方面是因为光伏产业扶贫项目属于扶贫公益项目，企业通过承建可以达到品牌宣传的效果。最后，要加大光伏产业扶贫的问责力度，针对光伏产业扶贫工作中出现的问题要严格追责，以确保光伏产业扶贫项目精准扶贫工作落到实处，同时可以保证各个环节在该问责制度压力下做好本职工作。

参考文献

[1] 李思雅，张鹏琦. 精准扶贫视角下产业扶贫问题研究 [J]. 济源职业技术学院学报，2019，02，27-32.
[2] 何廷明，王跃昆，冯光槐. 习近平产业扶贫思想的基层实践——以云南省砚山县者腊乡 [J]. 文山学院学报，2019，06，55-58.
[3] 佟建波. 广西农业大棚种植中光伏发电应用研究 [J]. 绿色科技，2019，24，185-186.
[4] 史见汝，樊崇，李世祥. 政府在光伏扶贫中的作用的探讨及建议——以河南金冠电力工程有限公司为例 [J]. 经济研究导刊，2019，35，15-17.
[5] 马传军，白晓明. 对北安市金融支持光伏产业精准扶贫情况调查 [J]. 黑河学刊，2019，06，78-80.
[6] 冯明灿. 市场环境下扶贫光伏产业运营模式研究 [J]. 计算机与应用化学，2019，05，561-565.
[7] 李世祥，闫浩然. 我国光伏扶贫筹资模式及可持续发展研究 [J]. 社会政策研究，2019，03，76-89.
[8] 潘百涛. 探索建立辽宁省科技助力产业脱贫的长效机制 [J]. 农业经济，2020，03，17-18.
[9] 王辉，张月友. 战略性新兴产业存在产能过剩吗？——以中国光伏产业为例 [J]. 产业经济研究，2015（01）.
[10] 王嘉仪，许立民. 光伏产业扶贫项目收益影响因素及贷款可行性研究 [J]. 农业发展与金融，2017（03）.
[11] 魏晓波. 分布式光伏发电在扶贫工作中大有可为 [J]. 北方经济，2016（03）.
[12] 马勇，曹之然. 创新光伏产业扶贫商业模式 创建绿色生态示范城市 [J]. 改革与开放，2016（07）.

第三章　乡村旅游扶贫

引言

鉴于贫困地区与民族地区重合的高度一致性，青海是精准扶贫的重点地区。目前，旅游精准扶贫已成为贫困地区促进经济增长，落实乡村振兴战略实施的有效途径，将乡村旅游和精准扶贫有效结合是助推青海顺利、科学、有效脱贫的途径。为确保到 2020 年底我国现行标准下农村贫困人口如期实现脱贫，并全面进入小康社会，党中央提出“精准扶贫”和“产业扶贫”等多种扶贫模式。2016 年《中国旅游发展报告》指出，我国在“十三五”期间要实现 200 万贫困人口通过发展旅游业脱贫，到 2020 年，要通过乡村旅游带动 1000 万贫困人口脱贫。另外，青海省出台《青海省加快乡村旅游发展的指导意见》《青海省乡村旅游扶贫项目实施意见（2016—2020）》《关于加快发展休闲农业与乡村旅游》等文件，强化各级党委政府在发展乡村旅游中的主导和引领作用，采取一系列务实管用的政策措施，促进乡村旅游，推动精准扶贫各项任务的落地落实。乡村旅游扶贫作为“精准扶贫”和“产业扶贫”相结合的一种扶贫模式，在青海精准扶贫工作中得到了有效地推广与实践。因此，在精准扶贫的背景下，探索青海乡村旅游发展与精准扶贫之间的作用机理，提出青海旅游示范村精准扶贫的实现路径并做出分析，揭示青海乡村旅游扶贫需要解决的若干问题，对青海全面脱贫致富具有重大的现实意义。

青海作为扶贫攻坚重点区域，其丰富的旅游资源使得开展旅游扶贫成为民族地区最有效的扶贫路径。乡村旅游扶贫方式的转变——由“概括瞄准”转向“精准瞄准”，由“漫灌”转变为“滴灌”，解决旅游精准扶贫中面临的“扶谁”、“谁扶”以及“怎么扶”三大问题，做到“扶真贫”“真扶贫”。在乡村旅游扶贫过程中，政府起着重要作用，但贫困人口本身作为旅游扶贫的内在动力，重点还是在于当地居民。旅游扶贫被认为是产业扶贫中的“造血”式扶贫，将乡村旅游融入精准扶贫的产业扶贫方式使得扶贫的任务从单纯物质扶贫转变为对物质和精神的双重扶贫，这一路径是推动乡村旅游扶贫的内源式发展动力。青海省丰富的自然资源基础使得旅游产业发展成为贫困地区建设美丽乡村、实现有效脱贫的可行路径。旅游产业的发展除了能够增加乡村收入和带来经济效益外，其发展依赖洁净的环境这一硬性要求也促进了农村卫生条件的改善，鼓励当地居民保护自然，反过来自然又为旅游资产增加了乡村资本，从而实现造血式脱贫。

一、乡村旅游扶贫的基本情况

乡村旅游作为促进旅游精准扶贫的重点，积极探索乡村旅游从扶贫到致富的路径。通过发展乡村旅游业，让更多贫困群众走上脱贫致富的道路，让人民群众从旅游发展中得到更多实惠。青海省持续加强乡村旅游扶贫工程工作，有针对性地抓好乡村旅游示范村、乡村旅游创客基地和高原美丽乡村建设，发挥了旅游扶贫功能。各个乡村旅游接待点积极整合资源，充分挖掘自身乡村旅游发展的差异性和独特性，旅游示范村取得了很大的成效。

本部分主要选取西宁市湟中区卡阳村、大通县边麻沟村、黄南藏族自治州尖扎县德吉村等三个代表性的乡村旅游示范村来分析精准扶贫成效。

（一）湟中区卡阳村乡村旅游精准扶贫基本情况

卡阳村位于青海西宁市湟中区拦隆口镇西南部高山林区，距县城 35 公里、省会西宁市 50 公里。由于地处偏远的山区、信息闭塞，自然条件较差、交通不便、农作物种植单一等诸多因素，很多村民处于贫困线以下，人均年收入不足 3000 元，主要贫困原因是因学致贫、因残致贫、缺乏劳动力这三个因素。但卡阳村拥有大面积原始森林，森林覆盖率高达 81.1%，户外健身休闲资源极为丰富，有藏传佛教寺院羊巴林寺，风景秀美，有着得天独厚的旅游资源。2015年，政府投资1280万元修建了一条拦隆口镇尼麻隆村至卡阳村的公路，将其定性为旅游道路，并连接前庄村、西拉科村等村庄。通过招商引资，政府引进西宁乡趣农业科技公司，对卡阳景区进行整体开发和建设，还配套了电力、通讯等设施，带动形成农家乐和种养殖合作社、劳务输出队、农机化专业生产队和各种旅游服务点。当地政府依托乡趣卡阳景区旅游产业开发带动卡阳村精准扶贫，建设卡阳美丽山村，在景区与村庄的共同努力下，卡阳村成为青海省首个脱贫摘帽的贫困村。

近年来，卡阳村利用自身优势，充分挖掘乡村旅游资源，建设山水生态美丽乡村，以乡村旅游产业融合发展新业态，做强地区旅游经济，并在相关产业互动下，辐射带动周边乡村经济发展。积极探索“企业＋农户”的发展模式，卡阳景区现已被评为“国家AAAA级旅游景区”，并获得“青海省林下经济示范基地”“全国乡村旅游扶贫重点示范项目”等荣誉称号，所在地卡阳村也被评为“中国美丽乡村”。

（二）大通县边麻沟村乡村旅游精准扶贫基本情况

边麻沟村距县城14公里，平均海拔2800米，平均气温19℃，年降水量548.2毫米。全村共有2个农业合作社，有151户611人；并有劳动力4955人，其中少数民族人口占总人口的80%。耕地面积为1997.76亩，人均耕地3.27亩，以前主要种植洋芋、油菜籽、小麦等农作物。已建村委办公场所和卫生室1处，配套文化广场和篮球场。村庄实现了道路硬化，人畜饮水全保障畅通。2018年，农民人均纯收入14822.4元。按照“一村一特色、一村一景点”的设计规划理念，边麻沟村以“花海农庄”旅游品牌为点，形成了以生态资源为依托、发展旅游经济的发展模式，带动全村群众多渠道、多方式增收致富。近年来，边麻沟村依靠着得天独厚的生态环境资源，把乡村旅游纳入乡村发展的整体布局当中，借助毗邻老爷山－鹞子沟国家生态旅游示范区和互助土族风情园－南门峡库区的区位优势，依托血沟优美的自然风光，集思广益、创新模式，减持土地流转与产业结构调整，将生态建设与经济发展、乡村旅游与新农村建设的有机结合，发展乡村旅游业，全力打造“花海农庄”，积极探索“旅游景区＋贫困村”扶贫模式，以乡村旅游作为精准扶贫切入点，带动村民脱贫致富。

（三）尖扎县德吉村乡村旅游精准扶贫基本情况

地处黄河岸边的青海省黄南藏族自治州尖扎县昂拉乡德吉村是一个易地搬迁村，2017年搬迁完成后，德吉村依托区位优势，将扶贫易地搬迁与乡村振兴战略相结合，培育以乡村旅游为龙头，文化、光伏等产业深度融合的扶贫特色产业。德吉村以生态为保障，打造天蓝、地绿、水净的“三维”宜居环境，位居黄河之滨，地处黄河谷地，境内气候宜人，条件优越，是黄河北岸的安多农耕文化区。如今的德吉村，休闲广场、码头、露天沙滩、花海、农家乐、小吃广场等旅游产业项目一应俱全。2018年10月，德吉村被农业农村部评为“中国美丽休闲乡村”。2020年7月，文化和旅游部、国家发展改革委确定了第二批拟入选全国乡村旅游重点村名单，德吉村名列其中，成为当地的旅游名片。据统计，2018年，德吉村接待游客2万人次，旅游综合收入320万元，门票收入10万元。

二、乡村旅游扶贫的主要做法

（一）卡阳村在乡村旅游扶贫中的亮点

卡阳村作为青海省西宁市首个开展旅游扶贫的村落，其具体做法和突出亮点有助于其他旅游示范村参考、学习。

一是卡阳村领导班子带领民众倾力打造美丽示范村。结合村庄实际，以美丽乡村建设为抓手，在卡阳景区带动下，第一书记带领村两委，多方争取项目资金共计1980万元，“乡趣”企业累计5000万元，共同打造出全省首条7.8公里长的乡村旅游扶贫公路，并在村内修建太阳能路灯，建设村内文化广场、老年幸福院、停车场等基础设施，先后实施了村庄美化、绿化、亮化工程，极大改善了村民的生活环境，并为开展乡村旅游提供了坚实的基础设施保障。同时，为进一步改善和优化卡阳村出行条件，在湟中县交通局与村干部的共同努力下，青海省首条交通扶贫公交专线落户卡阳村，并成功开通运行。

二是采取“公司 + 支部 + 农户”的形式进行扶贫增收。“西宁市乡趣农业科技有限公司”与村党组织紧密联系，于 2017 年联合周边 6 个村的村委会成立“乡村旅游中心党委”，充分发挥党建引领在引导群众脱贫致富中的重要作用。景区优先吸纳村中有劳动能力的贫困户 39 人在景区务工，月收入达 3000 余元；景区主动让出餐饮功能，鼓励贫困户开办“农家乐”，并为每户配发了 2 万余元的餐厨设备。通过旅游项目带动，全村发展农家乐 47 家，其中贫困户发展农家乐 6 家；景区设立小吃摊位 80 个，其中贫困户设立摊位 10 个，通过发展形成了集小吃、销售、餐饮一体的形式，户均增收 4 万元；成立养殖合作社带动 17 户、29 人发展产业，人均年增收近万元；“乡趣”企业带头成立农机化扶贫专业队，为懂技术、有能力的 4 户贫困户提供平台，垫付购买农具，为贫困户创造就业机会。

三是进行专业对口帮扶。为贫困户申请免息贷款，协调人民银行和各相关专业银行为贫困户免息贷款，成为首家开通了“530”金融贷款的贫困村，发放贫困户贷款 200 万元，受助贫困户共计 40 户；协助村内劳务输出，选派优秀年轻人赴省城知名企业务工，不断扩宽年轻人的眼界，从而更好地回报家乡；开展技能培训帮扶，村党委组织带领民众参加各类职业技能培训，有针对性地学习餐饮、汽修、驾驶等方面内容，转变村民原有的“等、靠、要”的旧观念，不断提高贫困人口的就业能力和主动参与的能力，不断增强贫困户的就业信心。

四是精神层面不断丰富村民业余文化生活。2018 年，组织村民自编自演文艺节目参加了西宁市首届农民春晚；2019 年举办了“好婆婆，好媳妇”评选活动，激励卡阳妇女们持家有道、团结邻里、孝敬老人，展现出卡阳人民热爱生活、热爱家庭的良好风貌。截至目前，卡阳村贫困户“两不愁，三保障”问题得以根本性解决。现工作中心已由脱贫攻坚转移到巩固脱贫成果和全力阻击返贫上来。

（二）边麻沟村在乡村旅游扶贫中的亮点

边麻沟村所在的大通县大力实施旅游扶贫战略计划，成立“政府领导、各方联动、农户参与”的乡村旅游精准扶贫协调机制，根据贫困村的旅游资源构建产业链条，在促进农业种植业结构调整的同时，带动了交通运输、商贸物流、观光旅游、休闲度假等产业发展，使成果精准惠及贫困农户。

1. 落实好扶贫政策

大通县委、县政府积极抢抓实施精准扶贫、精准脱贫的政策机遇，立足贫困人口多集中在脑山地区的基本县情，深入分析研究农村地区发展的出路，盯紧产业发展脱贫一批的精准扶贫政策，针对周边旅游景区分布较多但乡村旅游业还不够深入、档次还不高的实际，以深入创新提升农耕文化为目标，加大专项资金争取和整合力度，落实乡村旅游扶贫政策，动员引导边麻沟村开启了大通县“花开富贵”式的乡村旅游扶贫新征程，带动了周边争相创新发展乡村旅游的一批新生力量。同时，为进一步发挥“花儿”的优势，加快鹞沟片区贫困群众脱贫进程，县委、县政府及时邀请对口帮扶单位（南京市江宁区）专家对鹞沟片区做了美丽乡村规划设计，计划投资财政扶贫资金 1500 万元，依托边麻沟花海实施鹞沟片区 10 个村建设旅游扶贫产业示范园区项目，继续扩大“花海农庄”效应。

2. 打造旅游基地

大通县政府以村集体为单位先后成立了大通县大众农业观光专业合作社和青海万花谷生态旅游开发公司，带动全村农户发展以花海农庄为主的乡村旅游业，先后投入资金 1700 万元，流转土地 600 亩，建成以爱情为主旋律的“七彩花田”和“中国梦”主题花海共 700 亩，修建农家院 10 个、自助餐营地 15 个、移动摊位 15 个，延伸以徒步健身为主的旅游栈道 1500 米，增加贫困群众就业岗位 60 多个，打造了“以花引客，以花留客”的乡村旅游基地。

3. 完善基础条件

为使边麻沟的发展更有深度和内涵，县委、县政府积极鼓励村两委班子在外出考察学习的基础上，在完善基础设施条件方面做文章，拓宽发展思路，延伸花海产业链条。为此，村两委坚持“既保留传统文化气息，又添加新的人文元素”原则，积极争取配套高原美丽乡村项目，重新对村庄进行了规划，实施了硬化、绿化、亮化、净化、美化的“五化”工程，完善了公共基础设施，提升了旅游服务能力和承载能力，为花海引客、农庄留客开通了“双车道”。

4. 延伸产业链条

边麻沟村在完善花海旅游基础设施条件的同时，在“吃”字上下足了功夫，积极引导 10 户农户发展农家院经济，以本土食材为主，推出了土鸡、野蘑菇、洋芋酿皮等 20 多种富有当地特色的农家菜谱，极力用美食佳肴留住游客的心和胃，2016 年每个农家院净收入达 6 万元以上。边麻沟村真正变成了有百花斗艳沃土、游客消费庄园的“金山”。

5. 成立村股份经济合作社

2018 年 12 月 26 日，边麻沟村股份经济合作社成立，共有成员 160 户，558 名，合作社成员每人分红 200 元，共计 11.16 万元。目前，该村盘活村集体所有闲置林地 3200 亩，流转土地耕地 600 亩，初步建成了集花卉基地、人文景观、餐饮住宿、娱乐游戏为一体的乡村旅游景区，探索出了适宜本村发展壮大集体经济的新路子，为其他村发展集体经济树立了榜样，开好了头，起到了示范作用。

（三）德吉村在乡村旅游扶贫中的亮点

1. 依托黄河沿岸文化生态的发展模式

德吉村作为黄河沿岸的一个行政村，以保护黄河沿岸生态、弘扬黄河文化为宗旨，依托黄河沿岸的文化生态和自然地形地貌，成为集旅游观光、休闲娱乐、文化展示为一体的特色村落。游客来这里，可以体验黄河文化、青海藏区农业文化、安多藏族民俗文化等。短短三年时间，曾经贫困的德吉村成了青海及周边地区游客眼中的“小三亚”。

2. 藏文化与旅游产业相结合的综合发展模式

旅游业是德吉村最大的收入来源。当地把藏民族传统文化融入乡村旅游发展，增加当地的旅游人文资源，形成德吉村独特的旅游文化资源，实现了藏族传统文化的继承、传播和发扬，又推动了德吉村经济的发展，增加了当地居民的经济收入。2019 年，德吉村举行品藏茶、尝地方美食、农产品展示及“德吉杯·五彩神箭”射箭赛等系列活动，邀请到海西、海北、海南、海东、西宁等 45 支 600 余名射箭队员及裁判员的参与，共赏德吉美景、感受箭乡神韵、聚力旅游发展，对全面实施乡村振兴战略，提升尖扎乡村旅游的整体质量和服务水平，充分展示射箭之乡的魅力，进一步加强民族团结，促进传统射箭文化的发展，增进相互的友谊，有着积极的推动作用。

3. 政府扶持与村民主体性

政府作为特色村落保护者，要承担平衡各方权利和义务的职责，对在特色村落中从事旅游服务业、第三服务业、民俗文化产业等开发商的经营范围和权责义务进行规范和整顿，将村落的保护和产业发展落实到法律的框架内。同时，发挥政府的积极引导作用，充分挖掘民族文化和自然资源，激活村民的积极性，进而让村民体现出在旅游文化中的主体性。在尖扎县委、县政府的积极引导下，德吉村充分挖掘藏文化的积极因素，并将其融入乡村旅游发展，规范管理，实现乡村旅游的规范化和市场化。通过合理的旅游资源规划和相应的资金扶持，改善乡村的基础旅游设施，完善乡村旅游服务意识、建立乡村行业协会、健全安全卫生救助机制和行政监督管理体系。

4. 文化旅游与脱贫致富融合发展

德吉村以丰富的自然资源与人文资源相融合的重要战略，深入挖掘文化内涵，不断提升文化品位，使旅游产业实现可持续发展。当地在易地扶贫搬迁安置过程中，瞄准德吉村依山傍水、景色宜人、乡村旅游发展潜力巨大的优势，发展特色旅游项目。动员 30 户搬迁群众开办了各具特色的农家乐，38 户搬迁群众在美食广场经营土烧馍、酸奶、糌粑、酿皮等当地特色饮食，逐步打造出“品地方美食，住藏式民宅，游黄河风光”的旅游发展模式，将搬迁群众牢牢绑定在产业发展链上，开创了文化旅游与脱贫致富融合发展的新局面。

三、乡村旅游扶贫取得的成效

（一）实现精准脱贫，促进农民共同富裕

“卡阳模式”全面开启了贫困群众增收致富的新路子，为全县乃至全省精准扶贫工作积累了经验，登上《人民日报》头条，凤凰卫视《承诺2020》节目专题报道卡阳脱贫经验。经统计，卡阳年接待游客达40余万人次；目前，有260余名群众在景区务工，每人每年增收约4000元；20户贫困户发展“农家乐”。卡阳村先后被农业农村部授予“中国最美休闲乡村”称号、“卡阳花海”被誉为“西宁新八景”之一。卡阳景区荣膺国家AA级景区、中国乡村旅游扶贫示范重点项目、国家体育旅游康体休闲度假景区、青海省林业林下经济示范基地、青海省户外健身休闲产业基地等荣誉称号，三年内实现旅游综合收入2000余万元。

同时，卡阳村以东西部协作扶贫为机遇，争取帮扶资金180万元，投资255万元，落实“南京—西宁友谊林”产业扶贫项目，完成建设高标准景观山杏林375亩，打造卡阳“春赏花、秋摘果”的壮丽景观，可实现村集体经济61.235万元；把打造乡村振兴战略省级示范点和集体经济“破零”工程紧密结合起来，利用40万元“幸福乡村党建基金”和党员借资19.6万元，购置了两辆中巴汽车发展村集体经济，成功实现到2019年村集体经济收入达3万元以上的目标，增加村民收入，巩固脱贫成效。

目前，卡阳村已建成7.8公里乡村扶贫旅游公路，建成村级综合活动室226平方米、文化广场900平方米、土改砖7980平方米、美化墙体12000平方米，村庄道路实现全部硬化，农村电网得到全面改造，村容村貌明显改善。为贫困群众打造了宜居、宣行、宜娱、宜心的“美丽新卡阳”，大大提升了群众的幸福感和满意度。

（二）全面建成小康社会，提高人民幸福感

过去的边麻沟村就是一个地处偏僻、无人问津的小山村，虽然自然环境较好，但景观层次凌乱不分明；虽然道路条件较好，但村庄基础条件落后；虽然周边旅游景区较多，但本村投身旅游的底气不足；虽然特色农家菜菜品丰富，但开发利用的“舞台”稀缺。通过党的惠民政策扶持发展乡村旅游后，边麻沟村有了天翻地覆的变化，以往“脏、乱、差”的小山村变成了“自然 + 人文”景观层次分明、“整洁 + 整齐”村庄环境错落有致的高原美丽新农村，基于鲜花的优势，“游乐 + 享乐”的乡村旅游发展模式逐步成形。

通过乡村旅游发展，全村群众的思想得到解放，积极主动寻求发展的例子越来越多了，摆出针线手工、拿出土豆锅盔、端出酸奶油饼、挑来蘑菇野菜……只要靠双手，家门口挣到钱的机会越来越多，全村群众实现致富奔小康“中国梦”的信心越来越强烈，群众收入明显提高。“花海农庄”建成后，通过大力宣传，2016 年以来，大通县共实施乡村旅游扶贫项目 15 个，其中，2016 年、2017 年、2018 年每年实施 4 个乡村旅游项目，2019 年实施乡村旅游提升项目 3 个，共投资 4349.3 万元。2016–2018 年在全县 20 多个乡镇 285 个村（114 个贫困村）实施了产业发展和资产收益项目，其中产业发展占 89.64%、资产收益占 10.36%，受益贫困户共计 6621 户 24876 人。大通县大力实施旅游扶贫战略计划，着力构建以山水田园风光和休闲旅游一体化为主线的乡村，从贫困乡村地区旅游资源的实际出发，树立“乡村化、创意化、本土化、低碳化、景村一体化”的乡村旅游发展理念，既保持乡土特色，又凸显乡村在地要素，充分整合乡村的自然、文化、产业和生活资源，打造出符合旅游扶贫目标的特色乡村旅游精品，边麻沟村就是其中的典型。

（三）以优势资源为主的文化旅游夯实脱贫攻坚

2019 年，德吉村接待游客 28 万人次，车辆 5.2 万辆，旅游综合收入

740 万元，群众分红 80 余万元。自 2020 年 5 月德吉村乡村旅游扶贫景点运营以来，“农家乐”经营户日均经营收入达 2500 元，最高收入达 13000 元 / 户；小吃食品经营户日均收入达 1500 元，最高收入达 2800 元 / 户。

2018 年，尖扎县总投资 450 万元，修建德吉村花海及农事体验区、售票管理用房、围栏、廊道、停车场和游步道及观景亭等易地扶贫产业项目。为了提高贫困户收入，尖扎县委、县政府总投资 180 万元改造提升 30 户农家乐基础设施，安排 16 户贫困户在景区入口、出口、停车场等区域工作，有的还成了观光车驾驶员，每人每月发放补助 500 元。购置 5 辆自行车和 10 个沙滩椅，分别分配给六户贫困户自行管理运营。2019 年，县政府与中青建设集团签订协议，着力建设集水上旅游开发、休闲游乐设施、中高端游客接待中心、民俗文化餐饮一条街、拓展训练基地、农耕文化休闲体验、异地化季节性康养基地于一体，多种业态融合发展的旅游综合体。

2019 年 7 月 4 日，德吉村外包给旅游公司。根据外包协议，自当年起，外包商对德吉村 251 家分红户每家补助 1000 元，第二年每家每户的补助提升到 1500 元，第三年每家每户补助再次增加到 2000 元。从第四年开始，以每户 2000 元的补助为基数，每户每年增加 100 元。同时，从 2019 年开始，公司将安排净利润的 15% 用于壮大村集体经济，并保证以后每五年递增 3%，最终达到 30%。为了推动德吉景区社区集体经济发展，2020 年，外包商对德吉社区资助 3 万元，拟在 2021 年资助 4 万元。同时，尖扎县对德吉村 21 户农家乐 24 名从业人员进行业务技能和综合素质的培训，并帮助村民开发辅助产品，将村民推到开发旅游文化一线，培育村民的旅游文化思想，实现德吉村旅游文化的可持续发展。

四、乡村旅游扶贫存在的问题

通过对以上青海省西宁市湟中区卡阳村、大通县边麻沟村、黄南藏族自治州尖扎县德吉村乡村旅游的深入分析，发现其乡村旅游发展在带动贫困人口脱贫方面取得了很大的成效，但存在的问题不容忽视。以下对存在问题进行简要探讨。

（一）乡村旅游的资源开发利用不够

目前，多数旅游示范村对旅游文化的认识存在误区。主要是片面强调自然资源的开发，而忽视了乡土文化、乡村民宿等文化内涵的开发与利用，地域特色文化不突出。乡村旅游多集中在开发休闲农业和观光农业等旅游产品，而对于乡村文化传统和民风民俗资源的开发重视不够。例如，边麻沟村旅游景点尚为以自然景观为主的休闲农业、观光农业的发展模式，与当地民俗文化衔接较少。卡阳村主打以卡阳景区为主体的特色生态旅游产业，但其受到地理位置限制较为严重，卡阳村处于脑山地区，周边山地尚未被充分利用，土地资源优势尚未得到充分开采；另一方面，卡阳景区内 2020 年之前尚未有文化底蕴支撑。

（二）人口参与度不高

以大通县边麻沟村为例，为帮助贫困人口尽早脱贫，政府每年投入大量人力、财力对贫困户进行就业和创业能力的培训，每年投资 300 万左右，培训大约 1700 人，标准按照 2000 元 / 人进行核算安排，并且要求建档立卡的贫困户均要参加，具体培训内容有汽车驾驶、挖掘机使用培训、焊接、烹饪等基本的生产、生活技能等。但仍存在参与培训的人数多，而再就业比例较低的问题，部分贫困户惰性太强，思想观念较为陈旧，尚未在思想方面做好再就业的准备，从而导致相关培训活动投入力度较大而成效甚微。

卡阳景区在建设过程中，吸纳周边村落劳动力进行景区建设工作，给予贫困户大量工作岗位，不断提高贫困户劳动收入。景区建成后，贫困户于 2016 年实现全部脱贫，目前个体贫困户大多以开设农家院、小吃摊位为主要经营模式，景区内对于贫困户吸纳就业较少，主要是由于景区容量限制等因素。

德吉村的群众在搬迁后面临着村民与传统宗教活动分离的问题，原有的文化得不到恢复，缺乏向心力和凝聚力。从某种意义上看，易地搬迁不仅意味着物质的变迁，也意味着文化的变迁，物质可以经过短时间形成，而文化则需要较长时间的累积才能形成。社区和移民安置区的群众离开原有家园而迁移至新的环境，显现出文化的不适应性。

（三）乡村旅游品牌建设滞后

一方面，旅游示范村品牌塑造和提升不够。塑造品牌必须以优质的产品和良好的服务为基础，提升品牌必须以厚重的历史文化底蕴为依托。而目前，部分旅游示范村品牌宣传主题大多以“花海”为主，同质化现象较为严重，品牌推广内容的相近容易造成消费者的审美疲劳，不能激发消费者的旅游热情。由于“花海”品牌受时令季节影响较为严重，旺季主要集中于5-8月份，其他时间内景观自然消亡，示范村尚未有合理品牌推广规划，游客量较少，旅游场地闲置，资源浪费较为严重。卡阳村目前品牌建设方面受到企业文化影响较多。目前卡阳景区尚未有大规模的品牌营销活动。

另一方面，无法做到品牌延伸。延伸品牌必须以创新的个性化产品为载体。基本旅游产品开发不足且缺乏延伸产品，从而导致旅游示范村品牌推广后劲不足，没有强有力的特色化产品做支撑。以大通县为例，边麻沟村特色“花海”品牌过于单一且推广限制性因素较多，不足以支撑示范村的长久发展，目前品牌延伸尚不存在，政府应统筹规划旅游示范村的协调联动，充分利用各示范村资源禀赋优势，打造集休闲、娱乐、景观、餐饮、住宿等要素于一体的大规模旅游区，参考其他地区较为成熟的旅游区建设经验，将自然景观、娱乐项目充分融合，打造品牌化，避免出现单一景观品牌所带来的品牌延伸受阻现象。

（四）旅游项目同质化问题突出

当前，很多旅游示范村建设过程中乡村旅游扶贫产品缺乏市场分析，且开发方式粗放，急功近利、模式单一，从而导致旅游产品文化内涵单薄，无法形成特色产品和核心竞争力，同质化现象较为严重。一方面，有些乡村旅游项目匆匆上马，仅依托当地的农田、草地、森林等自然资源自发建设而成，通常是一个景区、几座假山、一片花海、几个娱乐活动就是全部的内容，景区景点缺特色、旅游产品缺内涵、文娱活动缺水平、旅游服务缺层次、规模小而不精致、特色同质无差异、服务单一标准低的问题普遍存在。例如，边麻沟村主推的“花海”项目与湟中县卡阳村所主推的“花海”项目如出一辙，没有将当地特色风俗文化融入，而且，旅游产品文化内涵空洞化现象严重。另一方面，多数贫困地区以“农家乐”“牧家乐”或依托当地环境建设景区为主要形态，提供的乡村旅游产品多以吃农（牧）家饭、住农（牧）家屋为主，乡村旅游产品升级换代不明显，对接市场能力较弱。

（五）龙头企业、致富能手带动作用不强

目前，青海省尚未形成较大规模的龙头企业帮扶旅游示范村建设的局面。旅游示范村建设过程中，依靠政府资金扶持比重较大，例如，大通县每个示范村由政府拨款 300 万进行建设，并借助南京对口帮扶进行开发。虽然部分企业也投资帮扶旅游示范村建设，打造旅游项目，但所占比重较小，大通县共有 28 家龙头企业、专业合作社等经营主体（其中，龙头企业 11 家，专业合作 12 家，其他 5 家）参与旅游示范村帮扶，与农户签订入股分红协议书，每年按照 8%–10% 的比例进行分红，按 10% 比例分红的有 2 个村，分红三次；按 8% 比例分红的有 45 个村，其中，33 个村分红 3 次，12 个村分红 2 次，龙头企业帮扶工程有待进一步扩大。且在参股分红方面，卡阳村村民尚未参与到景区的经营过程中，入股分红等事宜并不完善。因此，政府应在政策上继续鼓励大型龙头企业参与到旅游示范村建设当中，但在合作企业的选择上面应不断加大审查力度。发展旅游产业不同于其他产业，既要保证不断带动当地经济的发展，同时也要不断维护周边环境，切忌以牺牲自然资源为代价换取经济效益。此外，引进企业也可注重产业链的打造，开设特色产品销售点、农副产品代加工基地等，或以分红形式带动农户增收，不断扩大规模。致富能手带动方面，目前“能人经济”已在西宁市各旅游示范村开展，但效果不佳。

截至2019年末，大通县旅游示范村共有能人100余户，但实现能人带动作用的仅有20余家，部分贫困户较为懒散，思想观念较为陈旧，尚未在思想方面做好再就业的准备，从而导致“能人经济”投入力度较大、成效仍有不足的现象。卡阳村目前致富带头人较少，现仅有5名左右致富带头人，主要带领村内青壮年劳动力外出务工，从事建筑等方面的工作。相对来说，卡阳村致富带头人对于村内发展影响较小，更多的是带领劳动力外出务工增收，资源与资金没有形成有效合力，乡村旅游普遍存在规模小、经营者品牌意识淡薄的现象。

五、对策措施

《中共中央关于制定国民经济和社会发展第十四个五年规划和二〇三五年远景目标的建议》中提出，要推动绿色发展，促进人与自然和谐共生。坚持绿水青山就是金山银山理念，坚持尊重自然、顺应自然、保护自然，坚持节约优先、保护优先、自然恢复为主，守住自然生态安全边界。深入实施可持续发展战略，完善生态文明领域统筹协调机制，构建生态文明体系，促进经济社会发展全面绿色转型，建设人与自然和谐共生的现代化。绿色扶贫是实现生产发展、生活富裕、生态良好的文明发展道路的历史选择，牢固树立保护生态环境就是保护生产力，改善生态环境就是发展生产力的理念，处理好扶贫工作中经济发展、人民生活改善同保护生态环境的关系，在扶贫开发中要构建科学合理的农业发展格局、生态安全格局，推动建立绿色低碳循环发展的扶贫产业体系。

（一）创新体制机制

目前，青海省旅游精准扶贫项目实施过程中缺乏有效的协调机制。农业、水利、国土资源、财政各个部门权责划分不详细，甚至存在相互推诿、相互推脱现象，这种现象大大阻碍了精准扶贫工作的正常进行。因此建立健全促进各个主体之间相互合作的机制至关重要。一是明确旅游扶贫管理部门的职权。使各个部门都能在合理分工的基础上有条不紊的工作，保证与旅游管理相关的部门形成权责清晰的帮扶关系，构建可供农业、旅游、水利、国土资源等部门交流协作的平台。目前，大通县扶贫办已构建相关交流平台。各部门派出专业人员成立专门扶贫办公室，共同协商各部门所辖范围，更好对接相关工作，并协调各方利益，不断加快大通县精准扶贫项目进行速度。二是强化旅游扶贫程序和资源的管控工作。从旅游项目的前期准备、项目选择、审批、实施、结果评价各个方面出发进行全方位监管，对项目实施进度、资源分配状况等内容进行实时跟踪监控，保证项目实施符合预定方案要求，保证项目质量达标，不断增强项目运行的可持续性。三是继续完善和建立健全旅游扶贫奖惩机制。要遵循以贫困地区人口脱贫比重、社会事业发展状况、生态环境保护程度为主要内容的政绩考核方式，不断提高扶贫指标在贫困地区的政绩考核体系中的比重。对旅游扶贫相关措施进一步管理，将旅游扶贫人员的工作纳入人员考核中，利用奖励和惩罚的办法，规范相关人员行为，提高其工作效率。

（二）创建乡村旅游品牌，有效发挥带动作用

旅游示范村品牌建设需要正确认识相关地区旅游资源，定位乡村旅游品牌发展战略，适应旅游市场需求，迎合旅游者偏好，秉承诚信经营原则，打造品牌信誉，维护消费者品牌忠诚度，并凭借独具特色的自然风光、民俗文化等亮点吸引游客前来参观。

一是重视品牌信誉的打造。品牌信誉的好坏是品牌能否长存的基础。品牌信誉是建立在品牌的优质产品及优质服务的基础之上，是品牌理念长期贯彻的结果。在旅游示范村的经营过程中，经营者要秉承诚信经营的原则，坚持以人为本的发展理念，不断提高服务质量，并对有关的合作商进行严格筛选和要求，杜绝相关产品或服务出现滥竽充数、以次充好的现象。同时，品牌信誉的提升对于提高品牌竞争力有着强有力的推动作用。目前，企业间的竞争逐渐演化为产品、品牌的竞争，良好的品牌信誉的树立有利于示范村形象的建立，更有利于示范村经营向集约化和集团化发

展，从而不断扩大示范村规模，提高品牌竞争力。

二是凭借示范村自然与文化旅游资源，大力推广富有本地特色的品牌。品牌建立需要以本地独特的自然文化资源为出发点，品牌的建立旨在大力推广、发扬当地特色，而不是“随大流”式发展；要以质量换取信誉，重点打造示范村景区的自然环境、文化特色、风俗习惯、服饰饮食等，打造区别于其他旅游景区的旅游品牌，以提升旅游目的地的核心吸引力和竞争力。

三是做好目标市场细分，抓住游客旅游心理。西宁市旅游示范村在构建旅游品牌时，需要对旅游者这个目标群体的性别、年龄、知识水平、消费水平等参数进行市场细分，并针对这些参数进行不同的旅游产品设计。例如，在自然景区建设娱乐设施或徒步走廊、索道等，增加游客在赏景过程中的参与感；在以民俗文化为特色的示范村，树立多块包含不同语言的指示牌和宣传板，并增加歌舞、晚宴等互动性活动等。示范村品牌的建立，必须多元化发展，牢固树立以人为本的发展理念，根据游客偏好、喜爱程度对项目设施进行调整，不断提高游客满意度，让游客乐在其中、游有所得。

（三）优化乡村旅游村建设布局

旅游示范村规划的建设布局要坚持目标导向、问题导向、用户导向、实施导向。要实现“产业兴旺、生态宜居、乡风文明、治理有效、生活富裕”的目标；紧密结合农村资源利用粗放、空间布局结构失衡、公共服务设施缺乏等问题；尊重村民意愿、维护群众权益、简明要求易操作；借鉴地方经验，要有序推进规划的编制、实施与管理。

目标上，示范村规划应该实现与乡村振兴战略的推进匹配，有条件的地区首先要做到村村有规划，然后实现更大范围的生产、生活、生态空间得到优化配置的目标，推动乡村振兴取得决定性进展。

主要任务上，示范村建设要突出地域特色，优化乡村空间发展布局；严格自然资源和生态环境保护，落实生态保护红线、永久基本农田红线，划定村庄建设边界；推进基本公共服务和基础设施建设均等化；统筹推进一、二、三产业融合发展；加强历史文化遗迹和景观风貌保护，延续村落历史文脉。

实施管理方面，要明确责任主体。建立工作责任制，由省级自然资源主管部门牵头推进，市县自然资源主管部门做好规划管理和实施监督，乡级人民政府组织规划编制，村民委员会及村民全程参与。规范规划审批。规划成果经村民会议或村民代表会议审议通过后，由乡级人民政府报上级人民政府批准实施。要严格规划实施，规划一经审批，不得随意突破或修改。

工作推进方面，要深化政策研究，对部分正在开展与部分已经实施村庄规划的地区开展跟踪调研，总结成效、研究问题和政策需求。强化示范宣传，定期组织开展乡村规划优秀案例评选，树立一批示范性规划。

（四）激活社会协同治理功能

激活社会协同治理的精准扶贫，在强调以物质财富的增量解贫困“面”的普适性问题的同时，强调以社会保障制度去精准“点”上的贫困人口。要不断完善建立健全党委领导、政府主导、社会协同的治理框架。

一是坚持党的领导，整合多元社会力量，凝练旅游产业精准扶贫的共识，提升精准扶贫责任。例如小高陵村，近几年，小高陵村党总支紧紧围绕“抓党建促发展”的思路，以“党建+”为抓手，加强在班子、队伍、阵地等方面的建设，对于组织战斗力弱、凝聚力差、号召力不强等问题，村党总支积极组织党员认真学习党的政策和法律法规提高思想认识。通过健全“三会一课”和民主生活会等制度，制定完善学习、工作制度，党员联系贫困户制度和党总支帮扶贫困党员制度，深入开展“五必到五必访”等实践性强的活动，不断提高村党总支的战斗力、号召力，为扶贫工作的顺利开展打下坚实基础。

二是强化政府主导，合理配置扶贫资金、资源和人力，实现以物质财富的增量解决贫困面的普适性，提高扶贫满意度。旅游示范村建设过程中，应由相应承建单位出具详细规划及建设费用预算，上报扶贫办、财政部等部门审批，相关部门把控好示范村建设方向、建设重点，审核通过后，由扶贫局统一安排、发放扶贫款，确保每一笔款项用到实处，有所凭证。同时，扶贫办应起作用，选调多个部门成立工作小组下派示范村进行建设督导，严格把控建设用料采购、工人施工效率等方面内容，从建设源杜绝肃污、吃回扣等现象。工作小组也应在建设初期对于建设用地进行详细规划，统筹协调各个部门进行权责划分，责任到各个部门，防止由于用地指标混乱、权责不明晰导致建设进程受阻。

三是调动民间组织、企业、公民个人等多元主体的协同参与，合作治理贫困，以实现最大化的旅游精准扶贫治理效能。示范村建设及经营过程中，坚持政府督导，由企业或其他民间组织承建，合理调动交通、医疗、水利、电力、网络等部门综合治理，明确各部门分摊职责，并协调各部门工作时间及安排，不断提高建设、经营效率，推动扶贫工作快速开展。示范村建设过程中，所需劳动力可由周边乡镇、村落提供，特别对于有工作能力的贫困户应重点吸收，提供工作岗位，培养其主动创造财富能力，不断提高贫困户收入。

（五）坚持走绿色扶贫道路

积极践行山山水水都是财富，绿水青山就是金山银山的理念，充分考虑西宁市当前许多景区与生态功能区重叠等实际，利用功能区规划调整、生态旅游规划等专项规划修编等机遇，做足、做活、做好保护与发展、保护与民生改善、保护与长远经济发展文章。在旅游示范村建设过程中，善于释放绿色发展的潜能，在绿色发展上不断创新。以《青海生态旅游发展规划》为基准，加快培育生态旅游产业，充分发挥旅游示范村自然资源禀赋优势，科学布局生态旅游产业发展，在保护的前提下，为旅游业预留发展空间。一方面示范村建设应在原有生态环境基础上加以保护及合理开发规划，坚持“绿水青山就是金山银山”的原则，坚决抵制违规开采、乱砍滥伐等现象出现，同时增设护林员等岗位进行环境监管，在示范村经营过程中更需严格把控各项细节，杜绝游客森林生火、树木刻字等违规行为；另一方面，在示范村建设经营过程中，从采购原料、加工、施工搭建到开放经营各个环节都需要对资源利用进行严格把控，时刻秉承绿色发展原则，将环保、可持续等准则深入到建设经营的各个环节之中。

参考文献

[1] 于法稳，黄鑫，岳会. 乡村旅游高质量发展：内涵特征、关键问题及对策建议 [J]. 中国农村经济，2020（08）：27-39.

[2] 张俊英. 青海乡村旅游精准扶贫的实现路径 [J]. 青海社会科学，2019（05）：158-162.

[3] 叶晨曦. 我国乡村旅游扶贫模式与发展策略 [J]. 改革与战略，2017，33（10）：141-143.

[4] 卢冲，伍薆霖，庄天慧. "资本 – 策略" 视角下藏区农牧户乡村旅游经营决策研究 [J]. 旅游学刊，2018，33（02）：27-37.

[5] 李佳，钟林生，成升魁. 中国旅游扶贫研究进展 [J]. 中国人口 · 资源与环境，2009，19（03）：156-162.

[6] 刘小珉，刘诗谣，吴敏. 内源型发展：凤凰县旅游扶贫的实践和启示 [J]. 贵州民族研究，2021，42（03）：165-170.

[7] 郭志敏. 扶贫背景下乡村旅游产业链优化发展的对策研究 [J]. 农业经济，2019（10）：50-51.

[8] 王慧. 旅游扶贫背景下乡村旅游开发模式的研究 [J]. 中国农业资源与区划，2017，38（03）：198-201.

[9] 何琼峰，宁志中. 旅游精准扶贫助推贫困地区乡村振兴的思考 [J]. 农业现代化研究，2019，40（05）：721-727.

[10] 罡拉卓玛. 乡村振兴战略视阈下藏区特色村落发展模式调查——以青海省尖扎县德吉村为例 [J]. 新西部，2020（Z3）：49-52.

[11] 马耀峰，刘军胜，白凯，庞玮. 我国旅游扶贫对象、主体、规划、指向和效益的审视 [J]. 陕西师范大学学报（自然科学版），2016，44（06）：80-85.

[12] 何红，王淑新. 多维视角下中国乡村旅游扶贫效应研究评述 [J]. 中国农业资源与区划，2019，40（04）：180-187.

[13] 颜安. 旅游精准扶贫的运行机制 [J]. 人民论坛，2019（09）：62-63.

[14] 张素梅，王祖良，谢雨萍. 西南民族地区乡村旅游精准扶贫效果评估体系研究 [J]. 农业经济，2019（06）：77-79.

[14] 黄凯丽. 景区依托型乡村旅游扶贫的路径探析 [J]. 农业经济，2019（07）：70-

71.
[15] 李小鹤. 精准扶贫视角下乡村旅游可持续发展路径分析 [J]. 佳木斯职业学院学报，2020，36（01）：30–32.
[16] 交巴吉，西日尖措. 青海尖扎县德吉村易地扶贫搬迁与乡村振兴初探 [J]. 农业工程技术，2019，39（05）：5–6.
[17] 梁兴群，韦鸿，夏庆利，余家凤. 我国集中连片特困区旅游扶贫效率与扶贫路径 [J]. 统计与决策，2020，36（21）：16–20.
[18] 王敏. 立足资源优势发展集体经济——大通县朔北乡边麻沟花海带动村集体经济发展典型材料 [J]. 农家参谋，2019（16）：5.
[19] 汪德根，沙梦雨，朱梅. 国家级贫困县旅游资源优势度与脱贫力耦合分析——以433个脱贫县为例 [J]. 人文地理，2020，35（05）：111–119+149.
[20] 王伟. 乡村旅游精准扶贫的瓶颈制约与破解研究 [J]. 农业经济，2020（12）：71–72.
[21] 毕富利. “互联网 +” 背景下乡村可持续发展旅游模式的研究 [J]. 旅游纵览（下半月），2016（14）：196.
[22] 张妍，刘建国，徐虹. 贫困地区居民对旅游扶贫满意度评价实证研究 [J]. 经济地理，2021，41（05）：223–231.
[23] 黎洁，党佩英，任林静. 乡村旅游对贫困山区农户多维贫困的影响研究 [J]. 人文地理，2020，35（06）：122–131.
[24] 刘春莲. 乡村旅游精准扶贫的运作体系和推进策略 [J]. 农业经济，2020（11）：55–56.
[25] 陈明. 后脱贫时代乡村旅游扶贫及其巩固脱贫成果的潜在优势研究 [J]. 湖湘论坛，2020，33（06）：125–133.
[26] 张洁. 文旅融合背景下乡村旅游扶贫模式构建研究 [J]. 农业经济，2020（08）：74–75.
[27] 马悦. 绿色发展理念下的旅游扶贫开发思路及模式研究 [J]. 农业经济，2020（01）：57–58.
[28] 张琰飞，陆薇. 基于演化博弈的企业参与乡村旅游扶贫机制研究 [J]. 中国农业资源与区划，2019，40（12）：250–258.
[29] 斯丽娟，夏瑀，陶杰，刘宇浩. 旅游精准扶贫绩效影响因子研究——基于可持续生计理论 [J]. 西北农林科技大学学报（社会科学版），2019，19（01）：29–38.
[30] 杨德进，白长虹，牛会聪. 民族八省区旅游扶贫效应的时空分异、成因及优化对策研究 [J]. 广西民族大学学报（哲学社会科学版），2018，40（06）：2–7.
[31] 陈炜，张志明. 全域旅游视域下青海民族地区包容性旅游扶贫模式研究 [J]. 青海民族研究，2018，29（04）：48–55.

[32] 亚 · 尼玛，刘呈艳. 探索“农业 + 文化 + 生态旅游”新模式 [J]. 人民论坛，2018（24）：80–81.
[33] 汪姣. 乡村振兴战略下的民族地区旅游可持续扶贫研究 [J]. 农业经济，2018（08）：30–32.
[34] 杨德进，白长虹. 我国旅游扶贫生态效率的提升路径 [J]. 旅游学刊，2016，31（09）：12–14.

第四章　生态畜牧业扶贫

引言

近年来，随着我国畜牧业的快速发展，贫困地区的脱贫攻坚工作取得了新的成绩，这既提高了贫困人群的经济收益，也促进了当地经济的发展。改革开放以来，党在牧区实行的家庭联产承包责任制，极大地调动了广大牧民的生产积极性，草原畜牧业得到了很大发展。对于一些比较偏远的山区来说，发展畜牧业具有诸多优势，既能够充分利用原有的自然资源，大力发展生态畜牧业，还能够增加当地农牧民的经济收入，实现农牧民脱贫致富的目标（魏云妹，2019）①。

但进入二十世纪九十年代以来，随着牧区人口的不断增长和牲畜数量的无序增加，草畜矛盾越来越突出，草地生态持续恶化，草场生产力水平明显下降，草地畜牧业发展举步维艰。目前，由于畜禽业生产者素质不高、行业规模较小、行业经济投入不足、生产组织化程度不高等原因，使得我国畜牧业长期处于高投入、低回报的局面，再加上市场化程度不高，往往不能有效地回避和应对市场化波动带来的损失（曹大选，2014）②。

为有效协调畜牧业生产与人口、资源、环境的关系，实现草地畜牧业可持续发展，从 2008 年开始，省政府在牧区六州开展了生态畜牧业建设试点。在坚持党在牧区基本经济政策不变的基础上，青海省政府对畜牧业生产经营方式进行了积极探索，取得了成功经验，走出了一条生产发展、生态好转、劳动力有序转移、收入持续增加的生态畜牧业发展新路子。实践证明，在我省牧区只有发展生态畜牧业，才能促进生产经营方式的转变，促进生产要素的优化配置，提高资源的有效利用，增强草地畜牧业的发展活力；只有发展生态畜牧业，才能通过合作经济组织有效协调发展生

① 魏云妹 . 畜牧业在脱贫攻坚中的地位及存在的问题 [J]. 江西农业，2019, 000(020):35-36.

② 曹大选 . 浅谈我国发展生态畜牧业的重要性 [J]. 畜牧与饲料科学，2014,35(Z1):95-96.

产与保护生态的关系，促进草畜平衡，保护草地生态；只有发展生态畜牧业，才能促进富余劳动力的有效转移，开辟新的增收渠道，实现牧民收入的持续增长。

生态畜牧业的好处：一是养殖规模较小，布局较为分散，养殖废弃物如粪、尿等污染物总量不大，且处理方便，对环境影响小；二是农牧结合，可以充分利用自然资源，实现生态循环。以养殖业为主体，与种植业紧密结合，一方面种植业的产品如玉米、小麦、红薯、豆杂等粮食和农作物秸秆为养殖业提供了饲料来源；另一方面养殖业产生的粪尿为种植业提供了有机肥源，实现了种、养殖业协调可持续发展。三是饲料资源丰富，当地牧民可以充分利用山场、林地、闲散土地等自然资源和农业副产品如糠麸、秸秆、青绿饲料、剩余饭菜等，粮食消耗相对较少，饲料成本较低；四是劳动力成本较低，主要是利用家庭成员闲散时间辛勤劳作，不计较劳动报酬并主动开心地工作的特点；五是畜产品质量优良，由于生产环境远离城市和居民区，空气新鲜，自然生态状况好，畜禽生长周期长，生长过程中较少受到疫病威胁和污染，畜禽产品质量好。

青海省发展生态畜牧业的优势明显。一是政策优势：政府十分重视在保护好生态环境的前提下，加快促进部分农村留守农民和环库区周边移民的增收致富工作，近几年来政府对产业扶持、资金帮扶、扶贫资源的整合、就业培训、技术服务等多方面的大力支持成为生态畜牧业发展的员工原生动力。二是资源优势：我省大部分地区阳光充足，水源充沛，气候适宜，形成了许多适宜的小环境、小气候，有利于疫病防控和小环境管控，优越的自然资源禀赋非常适合生态畜牧业发展；与此同时，相对于其他产业而言，生态畜牧业更具有“短、平、快”的优势，可以做到当年投资、当年受益，是部分山区农民和库区移民实现现金收入的重要来源。

多年来，泽库县人口不断增加，但畜牧业经济增长空间却越来越小，发展活力也越来越不足，分散畜牧业的传统经济“短板”日趋凸显。草地退化使草原畜牧业发展空间正在缩小，部分地区出现生态难民，畜牧业持续发展后继乏力，牧民稳定增收面临挑战。2011 年，泽库县可利用草场面积 913.12 万亩，其中发生鼠害面积 392.64 万亩，占比 43%；轻度退化面积 153 万亩，占比 16.81%；中度退化面积 187.2 万亩，占比 20.5%；严重退化面积 105 万亩，占比 11.5%；沙化面积 20 万亩，占比 2.19%；黑土滩面积 54.8 万亩，占比 6%。2011 年，泽库县牧民人均纯收入仅为 2590 元，较全省人均水平低 1273 元，与全国农村人均年收入水平相差 3714 元，而且主要收入来自采集业和政策性收入。

在此严峻形势下，省委、省政府审时度势，从 2008 年起，便在全省牧业以保护生态、实现草畜平衡为主要目标，全面推行了生态畜牧业经济组织的建设工作，集中探索生态保护和经济增收路径。在黄南州委、州政府的正确领导下，2013 年泽库县委、县政府依托全省组建生态畜牧业合作社的有利时机，立足县情，确立了“生态立县、有机富民强县”的发展战略目标，在全县范围内开展生态有机畜牧业建设。2013 年 3 月泽库县获得全省第一个有机产品证书，是有机认证牦牛和藏系羊最多的县。县政府主要在“六大路径”和“四位一体”的思想指导下发展泽库县生态畜牧业。六大路径指的是初步探索实现生态和经济的双赢路径：包括良种繁育、能繁母畜养殖、新型农牧业职业培训、新型生态畜场建设、饲草种植、高效养殖等。四位一体则是以推进饲草产业建设为关键、以组建生态畜牧业合作社为核心、以实施定居工程为保证、以落实草原奖补政策为手段。泽库畜牧业四大转变指的是改变生产组织形式。以集体经济组织为生产基础，解放劳动力，使其从事二、三产业发展。改变生产要素的利用方式，通过生产要素的有效整合，推动以往发展缓慢、形式单一的传统畜牧业向优质、高产、高效的现代畜牧业转变。

2014 年，国家农业农村部同意青海省设立全国草场生态畜牧业试验区。为此，全省各地牧民欢欣鼓舞、斗志昂扬，决心以实际行动回馈国家农业农村部的殷切希望。在青海省农业农村厅的大力支持下，泽库县有幸成为全省推进全国草地生态畜牧业试验区建设试点县，泽库拉格日生态畜牧业专业合作社等 10 家合作社被列为重点试点社。具体措施有：坚持走草地生态畜牧业的发展方向绝不动摇；坚持全面推进生态畜牧业建设的决心绝不动摇；坚持推进生态畜牧业建设既定的指导思想、目标、路径、措施绝不动摇；坚持州、县、乡人民政府作为推进生态畜牧业建设的责任主体，乡政府是第一责任人的组织领导机制绝不动摇；坚持牧业村生态畜牧业合作社一村一社，共同发展的基本组织形式绝不动摇。

在建设方式上采用集中建设：转变项目到户、分散建设的项目资金投入方式，集中有限财力、物力、人力等建设资源，形成合力向重点建设单元倾斜，支持重心向基础配套建设倾斜、向新型经营主体转移，支持重点向经营整合得力、股份清晰、运作规范的合作社倾斜。谁先整合，谁先发展，对全省生态畜牧业进行整合质量评价并进行排序，甄选排序靠前、股份制改造扎实、群众内生动力充足、县乡政府主动地区的合作社作为试点合作社，优先扶持其发展。另外，两手发力：生产力和生产关系两手发力，畜牧业硬件建设和8项重点建设制度，3项重点凝练模式，100个试点合作社等软件建设，两手抓，两手硬。在建设模式上：突出发展股份合作制模式，以股份合作制改造为主要途径，由点及面，大力培育牲畜按类组群，在草场上按畜群划分进行轮牧，劳动力按技能分工，财务管理规范，收入按股分红，按劳记酬，统一打造品牌销售产品的具备现代化企业性质的合作社。在技术支撑上：全方位产业链式技术支撑畜牧业和生态协调，推进技术饲草料生产加工、生产的标准制定和标准化生产技术、畜产品加工增值和安全的生产技术、现代营销技术（网络销售、品牌打造），现代管理技术（合作社的现代化管理）、畜牧业循环和污染处理技术、现代畜牧业信息技术（物联网、云数据等）、高效养殖等核心关键技术以及畜牧业一二三产业融合支撑技术和有机畜产品生产技术。

泽库县在推进草地生态畜牧业试验区建设时期，拉格日村生态畜牧业合作社由于发展思路清晰、牧民群众积极性高、资源整合力强等原因，在泽库县委、县政府的不断引领下，积极探索实践，转变发展理念，创新发展方式，形成了“以草地和牲畜折价入股的方式组建合作社，牲畜分群饲养，草地划区轮牧，社员分工分业，牛羊统一销售，用工按劳取酬和收益按股分配”的发展草原生态畜牧业的“拉格日”模式，走出了一条符合泽库实际的精准扶贫产业发展新路子。

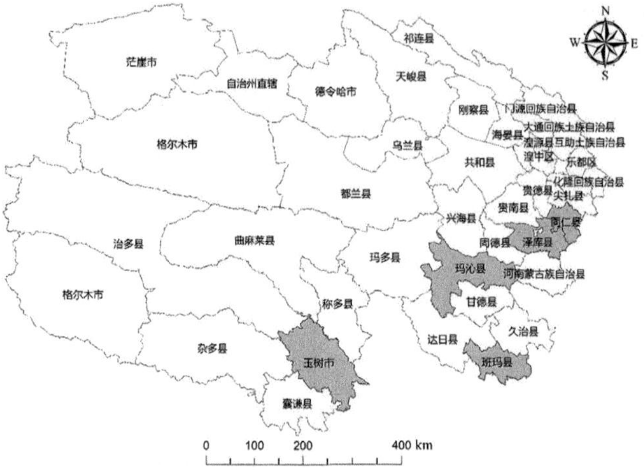

图 4–1　生态畜牧业调研地点（笔者作成）

一、生态畜牧业扶贫的基本情况（个案观察）

（一）拉格日模式生态畜牧业

拉格日村是泽库县宁秀乡青南牧区泽曲草原上一个干旱少雨的纯牧业村落，地处三江源生态保护区核心区，距省会西宁 390 公里，平均海拔 3500 米。2013 年，在泽库县委、县政府的领导下，在农牧部门的全力支持下，泽库县一些基层牧民积极投身到了生态畜牧业合作社的组建当中，初步探索了“统一管理，风险共担，利益共享”为主要内容的合作经营模式。

2010 年的基本情况：经济结构、产业结构单一，生产经营粗放，牧业资源转化率低，草畜矛盾突出，畜牧业发展不充分，牧民生活长期处于较低水平。收入水平：全村人均纯收入仅为 1800 元，是一个典型的重点贫困村。2011 年初，全省牧业开始推行生态畜牧业合作社，在村民大会上，时任二社社长的俄多提出组建合作社的构想。2011 年 4 月，俄多同志被选举为拉格日村二社专业合作社理事长，确定扎西东知等 7 名带头能人为合作社领导班子成员，并吸纳了全社 36 户 217 人入社，以 0.6 万亩夏季草场、74 头牦牛整合的形式组建了拉格日村专业合作社，并建立了良种牛场，从而初步形成统一管理、利益共享、风险共担的合作模式。

泽库县作为全国有机农业（牦牛、藏系羊）示范基地，2014 年 10 月，泽库县委、县政府结合全县生态有机畜牧业发展现状，全面打造泽库县有机畜牧业产业园区，以产业园区为核心，引领全县产业经济发展；2015 年正式开始建设，并先后被评定为州级产业园、省级农业科技园区，同时将扶贫创业孵化园列入省级精准扶贫产业园名单；2016 年随着中央精准扶贫政策的实施，泽库县将发展生态有机畜牧业作为脱贫攻坚第一产业，加快产销一体融合发展步伐，提升泽库牦牛、藏羊附加值，增加牧民收入；2017 年 12 月，县委、县政府根据王建军书记在泽库调研时提出“产业园区要进一步提升功能，扩大和提升建设规模及质量，深入推进一二三产融合发展综合功能园区”的重要指示，及时调整园区建设思路，重新布局规划，全力打造和申报省级和国家级现代产业园；2019 年 3 月被认定为省级现代农业产业园，成为青海省第一个以牦牛、藏羊产业为主导产业的现代农牧业产业园。2019 年 6 月成功列入国家现代农业产业园创建名单。截至 2019 年生态畜牧业及产业园区建设累计投入 6.18 亿元。创建国家级现代农业产业园，计划投入 3.59 亿元。其中中央财政投入 1 亿元，省级财政投入 1.58 亿元（其中创建资金 5000 万元），县级财政投入 1500 万元，撬动资金 8600 万元。

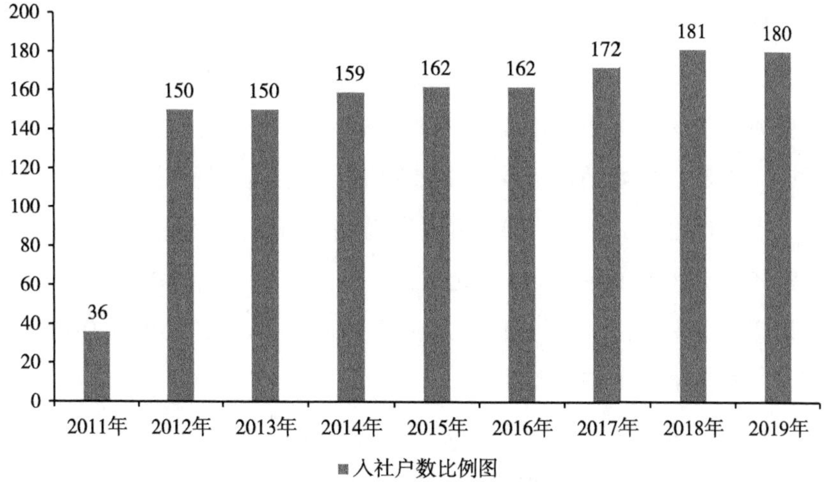

图 4-2　拉格日村加入生态畜牧业合作社的户数比例

（二）果洛州生态畜牧业

玛柯河乡隶属于青海省果洛藏族自治州班玛县，地处班玛县西北部，东与多贡麻乡、年宝玉则国家地质公园相连，北与满掌乡相望，西与达卡乡相接，南与吉卡乡相邻，距班玛县政府驻地45千米，区域总面积611.66平方千米。

马格勒村是青海省果洛州班玛县玛柯河乡下辖的行政村，马格勒村与则多村、则达村相邻，附近有原始森林、班玛玛可河国家湿地公园、藏民族居民碉楼、果洛红军沟等旅游景点，有药材麝香、烧羊肝等特产。玛柯河乡马格勒生态畜牧业合作社有奶牛养殖基地。

马格勒村全村共有147户709人，第一产业为养殖业。邦义生态畜牧业专业合作社奶牛养殖基地，成立于2015年，2016年投入使用，2017年政府再投资450万元来建设养殖基地，养殖基地厂房面积为1800平方米，养殖场占地面积20亩。2016年政府投资300万元用于购买奶牛，目前有奶牛1120头，种公牛20头，总计1140头牲畜。草山总面积26.75万亩，其中合作社草山整合面积为25.4万亩，草山整合率95%，提供了12个就业岗位，其中挤奶员6名，放牧员6名。2018年合作社盈利分红达29万余元，户均分红达3020元。2019年分红达21万元，并有96户参与分红，其中建档立卡户有26户，共分得56763元。

2019年7月，政府在班玛县人民街成立马格勒村县城牛奶销售站。其中，上海援建向马格勒村邦义生态畜牧业专业合作社奶站投入建设资金50万元，用以建设牛奶销售站及相关配套设施，并提供就业岗位3个，其中司机1人，销售人员2人，2019年总收益为2万元。

2019年村集体经济将40万元作为集体股，投入到生态畜牧业合作社中，用以发展犏牛繁育项目，并实施购置犏牛40头，2019年底收益3.5万元（不包括格萨尔商铺收益）。

2016年马格勒村政府还投资31.8万元，用以发展二、三产业，并开办便民综合超市、炒面及煨桑用品加工坊、畜产品销售商铺等，提供了

6个就业岗位，其中炒面加工坊2人，煨桑加工坊2人，销售人员2人。2019年年底这些商铺的收益为4万元。

（三）玉树生态畜牧业

玉树仁青宝藏生态畜牧业销售专业合作社初建于2014年10月，是一家集专业从事畜牧生态养殖、产品加工、销售于一体的产业化合作社，它秉承改变牧民群众靠天养畜的传统观念，开拓思路、深入探索，努力挖掘现代畜牧业发展潜力，始终坚持“科技创新、生态发展”原则，大力推进牧业创新，加强牧业产业基地建设，努力发展生态养殖业板块，从过去的传统畜牧业，逐步走向现代畜牧业发展之路。

玉树仁青宝藏生态畜牧业销售专业合作社位于玉树州州府所在地，生产加工厂位于玉树州结古商业街，注册资金300万，总投资已经超过1500万元。合作社现有40名职工，其中80%为建档立卡贫困户，有50亩的千头牦牛标准化养殖基地，存栏牦牛规模达到500多头。现有2500平方米的办公室、生产加工车间、化验室等，有四条生产加工乳制品、牦牛风味乳饮料、土特产、纯净水生产主线；恒温冷库制冷系统三套，总面积300平方米，保障产品储藏能力。已注册商标，积极创建实现“三品一标”政府主导的安全优质农畜产品公共品牌，办理了食品安全许可证，有办公用车及畜产品运输便利配送车5辆，产品实体销售店1个。

销售范围：牛奶、酸奶、酥油、曲拉、牦牛风味乳饮料、纯净水、蕨麻、冬虫夏草、知母、藏红花等17种产品。其中已经取得食品安全许可证的有牦牛风味乳饮料、桶装水、藏椒盐、藏茶、蕨麻。

合作社的建设使优质草场得到有效利用，提高农牧民生态移民养殖积极性，转化畜牧业生产优势，具有较强的发挥地区农牧产业化畜产品销售专卖龙头企业的辐射带动作用。合作社采取“合作社＋能人＋牧户”的生产模式，在一定的范围内带动周边贫困户改变以往自产自销的状况，通过组建合作社，转变畜牧业基础设施，调整产业模式，为畜牧业经济可持续发展奠定基础，从而促进生态平衡，加快生态畜牧业的发展。

合作社打破家庭作坊式的经济状况，过去的“小作坊”变身为“合作社”，牧民以牦牛、草山有形的资产形式入股，村民也变身产业工人，使他们的精神面貌焕然一新，但专业合作社还处于低层次的家庭作坊式的经营，缺乏市场竞争力和持续发展能力。为了改变传统小家小户式的畜牧生产经营方式，向产业化、规模化发展，带动地方产业发展，2017 年政府在开始资金、厂房、税收等方面持续给予稳定、强大的政策支持，各级领导均曾莅临仁青宝藏合作社指导工作，合作社自身也不断努力，扩大厂房，新增设备，在玉树市巴塘乡上巴塘村新建千头牦牛标准化生产基地，进行扩大规模养殖，提高个体生产性能和良种普及，带动生态畜牧业发展。同时建立健全内部各项管理制度和运行机制，严格按照合作社章程，参照股份制管理模式，探索出了“以强化草原基础设施建设和股份制经营推动畜牧业生产、经营方式转变的生态畜牧业发展模式”，初步形成了规模化生产、专业化分工、集约化经营、产业化发展的生态畜牧业发展雏形。

合作社在财务管理工作上，组织好各项资金活动，处理好各种财务关系，准确记录财务运行情况和年初预算、年终盈余分配情况，并做到财务和社务公开，提高了合作社工作的透明度，增强了社员对合作社的信任度。并结合实际制定了合作社财务管理办法和制度，健全完善了合作社红利分配办法等措施，使合作社在制度方面不断规范化，为内部管理更加规范、质量提升更加明显奠定坚实基础，促使合作社的健康规范发展。

近年来，合作社从品牌战略出发，通过新闻媒体宣传、扩大销售网点、积极参加各种展示展销活动等多种途径，做好新闻宣传。仁青宝藏合作社为玉树市国家级电子商务进农村综合示范项目点，通过电商使空间上的万水千山，变成网络里的近在咫尺，依托电商让牧区优势资源与全国大市场实现对接，多方位展示畜牧业发展成果，为畜牧业创造良好的发展环境和舆论氛围，并在内地发达、沿海大中城市联系设立畜产品销售窗口，努力扩大畜产品的知名度和市场占有率，充分运用名牌占领，进一步使仁青宝藏畜产品快步走出省门，进入全国市场和国际市场。拓宽产品销路，着力提升品牌知名度、寻求合作商机，逐步完善产后营销体系建设，综合运用促销、分销策略，创新营销观念，壮大服务实力，充分发挥服务作用，推进牧业产业化发展。

仁青宝藏畜牧业以具有一定经营规模和经济实力、辐射面广、竞争力和带动力强的畜牧业龙头企业形象，动员附近群众大力发展畜牧业生产。发展现代畜牧业可以使大批牧民群众从草场上解放出来，通过畜牧业的规模化、集约化经营，解放了生产力，使一部分牧区劳动力从草地畜牧业上转移出来，入股牧民可以凭股份按年从合作社领取不低于常规畜牧业纯收入的红利，使牧民收入得到了保证，解除了转移劳动力的后顾之忧。此外，转移出来的劳动力也能给合作社放牧或从事其他非牧产业和进城务工，拓宽了牧民增收渠道，形成了多元增收的格局。随着合作社的快速发展和牧民收入的快速增加，入股牧民从原来的 5 名增加到目前的 20 名。合作社成立后，为增加附近牧民收入与牧户签订了长期的鲜奶收购协议，收购牧民多余的牛奶，每年实施“贫困户用工就业、五保户送温暖、困难家庭圆梦助学”三大举措，累计收益人（户）超过 400 次，推进了精准扶贫、精准脱贫。

2015 年仁青宝藏合作社被玉树州政府评为“诚实、守信”企业；2016 年至 2018 年被玉树州市场监督管理局、玉树州消费者协会授予文明诚信企业；2017 年被玉树州精准扶贫攻坚行动协调推进小组评为 2016 年精准扶贫龙头企业；2017 年被青海省扶贫局授予精准扶贫产业化龙头企业；2018 年被中共玉树州委、州人民政府授予玉树州创建民族团结进步示范企业；2018 年仁青达哇被玉树市统战部、工商联、玉树市非公经济党工委评为先进企业家，被玉树州精准扶贫攻坚行动协调推进领导小组评为龙头企业带头能人、玉树州扶贫特色产品西宁营销企业代表、青海省扶贫开发协会会员，仁青达哇现为玉树市政协委员。

仁青宝藏生态畜牧业销售专业合作社在玉树已经扎根六年，合作社立足当地优势资源，增强牧业优势产业的市场竞争力，实现牧业精品效益和提高畜牧业生产效益。按照玉树州建设社会主义新农村的基本要求，以产业化优势为依托，延长产业链，形成养殖、精加工、销售一体化的产业带，能够进一步带动并调整畜产品养殖及加工结构，打破玉树畜牧业发展瓶颈，使畜产品质量价格成正比，实现真正意义上的农牧民增收、增加就业。办一个合作社，带动一个产业，兴一方经济。仁青宝藏合作社对当地牧区经济发展、牧民群众脱贫、民族地区社会稳定和社会和谐、实现当地畜牧业绿色、和谐、可持续发展，带动和繁荣玉树地区经济起到了积极作用。

二、生态畜牧业扶贫的主要做法

（一）拉格日模式的做法

1. 以草地（耕地）和牲畜入股组建合作社

牧民以草场（耕地）和牲畜折价入股，每股 500 元。入股牲畜数按照草场等级，以实现草畜平衡为前提，进行牲畜入股标准折算。其中：一等草场每 4.3 亩 1 个羊单位；二等草场每 6.5 亩 1 个羊单位；三等草场每 7.6 亩 1 个羊单位。为解决无畜少畜贫困牧户入股问题，拉格日合作社引入政府针对精准贫困户每人 6400 元的产业帮扶资金一次性入股合作社，32 户精准扶贫户共计入股 97 万元。

2. 牲畜按功能进行科学分群半舍饲饲养

为提高养殖效率，繁育优良畜种，优化畜群结构，合作社实行集体统一经营，对入社牛羊在建立可追溯体系的前提下（同步建立电子和纸质版追溯档案）按类别分群饲养。牲畜品种和结构不断优化：合作社转变畜牧业生产方式，实行划区轮牧、分群饲养、种草养畜等，彻底改变了过去牲畜“夏壮、秋肥、冬瘦、春死”的恶性循环。积极推广良种繁育，科学高效养殖，实现了畜群结构进一步优化，良种畜的比例进一步提高。

3. 草地划区轮牧

为解决寒冷季缺草问题，拉格日合作社建成 1010 亩青干草种植基地，种植披碱草，亩产鲜草 1400 公斤，年产青干草 141.4 万公斤。2015 年又新增 7000 亩饲草基地，可年产青干草 980 万公斤，除合作社自用外，剩余部分销售到其他合作社。

通过对比看变化。拉格日村2011年草场平均亩产鲜草204.2公斤，植被覆盖度60%。到2018年已达到亩产鲜草425.6公斤，提高18.5%，植被覆盖率80%。拉格日村鼠害有效洞口也由2010年的260个降至2018年的45个至80个，且鼠害有效洞口多为县城边界地区。2010年拉格日村黑土滩退化草场面积达到1.35万亩，到2018年已基本治理恢复，现在的草场已经恢复到全省平均水平。

4. 社员按一二三产融合发展分工分业

合作社根据社员能力进行分工，合理分配到不同生产岗位。拉格日合作社共有劳动力389名，从事畜牧业有99人，其中藏羊养殖8人，牦牛养殖1人；剩余290人中，劳务输出169人，到县城宾馆、餐厅、公司打工51人，在合作社从事藏族服饰、家具等生产和畜产品销售60人。合作社2015年投资860万元在县城繁华地段建设宾馆1处，成功转移富足劳动力30余人。

5. 用工按劳取酬

为调动放牧员的积极性，合作社实行固定工资和绩效工资相结合的方式。拉格日合作社以饲养牦牛为主，平均每个牦牛饲养小组放牧200头牦牛，配备3名放牧员和3名挤奶员，人均月工资为1500元。其中，放牧员每天每头牦牛的报酬为0.4元，每日放牧生产母羊的报酬为0.36元，每只羊羔的报酬为0.3元。牦牛产仔成活率要求达到100%，死亡、丢失牦牛的需赔偿合作社。每饲养一头牦牛定额向合作社交17斤酥油，实际可制酥油22斤，剩余5斤作为奖励归放牧员和挤奶员。按每斤酥油30元折价，每人可分得绩效工资5000元。合计每人每年放牧牦牛可从合作社领取劳动报酬23000元。拉格日生态畜牧业合作社实践表明——合作社要有活力，关键在于建立有效的激励机制。

6. 牛羊及畜产品统一销售

为节省饲草、提高经济效益，合作社实行牲畜有序出栏统一销售。目前，合作社牲畜存栏数稳定控制在5500到6900头（只）。合作社实行统一管理、集中有序出栏，将过去分散经营时三年出栏，变为一年四季均衡有序出栏，改变了牧民由于旧习惯例等原因，导致牛羊饲养多年、惜售不愿出栏的做法，经济效益大幅提升。

7. 收益按股分配

按照合作社章程规定，合作社的收益实行社员以所持股份按股分配。全体社员每年都可按持股比例从合作社获得股金分红。合作社 2012 年现金分红 51 万元，人均分红 626.53 元。

到 2018 年合作社净收入 754 万元，扣除提取的 188.5 万元公积公益金后，合作社人均收入 15330 元。

（1）合作社经营畜牧业实行草畜平衡、减畜不减产，畜牧业经济收入持续增加，劳动力经过分工发展二、三产业，实现了合作社和牧民收入快速增长。

（2）集体经营后，由过去三年出栏一只羊，变为现在一年出栏两只羊，提高了经济效益，集体经营的优越性得到了充分体现。拉格日生态畜牧业合作社的收益主要是按股分红，合作社每年净利润提取 5%–20% 公积公益金后，全部用于成员分配，不追求公共积累的增加，不追求把集体资产做大，而是在生产发展的同时，最大限度增加牧民收入。这是牧民参与合作社经营意愿不断增强，合作社凝聚力进一步提高的主要原因。

成员在合作社劳动按劳取酬，实行基本报酬和绩效奖励相结合。这增强了劳动者的责任心，减少了合作社的监督成本，充分调动了成员的劳动积极性，使精细放牧、精心饲养、照顾幼崽成为牧民的自觉行动。成员以所持股份在合作社分享年终收益。成员就把合作社当成是自己的产业，由为别人劳动变成为自己创造财富，更加关注合作社的经营和发展。

8. 集中定居保障乡村振兴

合作社实行统一经营、按股分红的运行机制，建立定型量化的扶贫帮困制度，实现了贫困户稳定脱贫，效果十分明显。

2008 年以前，拉格日村是全县 64 个牧业村中最贫困的村，成立生态畜牧业合作社后，已实现全村整体脱贫。并已全部实现集中定居，实现了生产生活的集中，体现了乡村振兴战略的重大意义。

打赢脱贫攻坚战，是“十三五”时期党和政府对全国人民的庄严承诺。产业扶贫是贫困地区和贫困人口摆脱贫困的基本路径，是最根本和最长久的扶贫。没有产业发展带动，贫困地区很难脱贫；同时，缺乏产业支撑的脱贫，脱贫后的发展也难以为继。为此，泽库县委、县政府通过泽库独有的“特色种养 + 资产收益”拉格日模式全面发展生态畜牧业，并将村集体自然资源、公共资源和牧民个人生产资料进行了股权化，有利于贫困户积累资产，并利用这些资产持续受益，实现持久脱贫。小组草场面积8.36 万亩，易地搬迁集中安置点 100 亩，养殖区面积合计 35 亩，种植区面积合计 1118 亩。

合作社的实践表明，发展集体经济，不是一味追求生产资料集体所有，而应在产权清晰基础上，通过股份合作，发展多种形式的集体经营，促进生产发展，这是发展集体经济的根本目的。合作社加大对贫困户的帮扶，集中利用政府精准扶贫基金，整合合作社自有资金，帮助贫困社员尽快脱贫，实现共同富裕；这也激发了贫困牧民加入合作社，参与集体经营和管理的积极性。

（二）果洛州的做法

1. 完善政策措施，规范产业发展。根据青海省人民政府办公厅《关于推进全国草地生态畜牧业试验区建设的意见》（青政办〔2015〕72 号）和《青海全国草地生态畜牧业试验区建设试点工作方案》要求，果洛州政府制定出台了《果洛州草地生态畜牧业试验区建设试点工作方案》《果洛州生态畜牧业“十三五”规划》和《果洛州生态畜牧业产业发展意见》，修订完善了《果洛州生态畜牧业合作社财务管理办法》《加快合作社组织化标准化生产的实施意见》《在试点合作社实行六统一生产的推进意见》《加快有机畜牧业生产体系的建设意见》等 8 个发展制度，进一步明确了全州生态畜牧业的发展目标和方向，增强了果洛州人民的发展信心。

2. 整合生产要素，大力推进股份制经营。果洛州政府全面实行生态畜牧业“三种发展”模式，借助配股制来推行股份制，力争形成股权明晰的

“整合制度”和“分红制度”，目前全州已有68个合作社进行了产业投入和股份制运转。果洛州政府通过两项举措来保证生产要素的整合质量和股份制运转：一是今年年初对现有合作社进行了整合质量评估，形成了县、州两级数据库。评估办法根据生产要素整合质量评价指数为依据，做到了科学合理、公开透明；政府会进行结果公示，主动接受群众监督，并明确了“谁先整合、谁先发展”的资金投入机制。二是重点对试验单元合作社进行“六统一”，适度组群，充分发挥监事会、理事会、社员大会的民主管理和制度作用，根据组群类别进行划区轮牧，根据富余劳动力的劳动技能，合理分配放牧、挤奶、运输、畜产品加工等工作。在组群与放牧中，注重理论载畜量测算，将放牧数量控制在理论载畜量以内，严防因超载而导致草场退化，从而实现了草场生态保护、合理利用的目标。

3. 加大投资力度，优化资源配置。为扩大生产规模，果洛州政府选择将全州基础条件较好、干部群众积极性高、辐射带头作用强的23个村作为生态畜牧业建设的重点村进行扶持，引导扶贫、科技、对口援建等部门向这些村倾斜，多方筹措，整合州县财政及上海援建等各类资金，集中投向生态畜牧业建设。几年来，果洛州政府共整合上海援建、科技、扶贫、州级支农等各类资金2.57亿元，在31个乡镇57个村实施产业化项目68个（其中：肉羊养殖基地13处，规模达30595只；奶牛养殖基地27处，规模达21999头；肉牛养殖基地4处，规模达4420头；生猪养殖1处，规模达230头；饲草基地12处，种植面积3.21万亩；野血牦牛种畜基地7处，规模达3790头；犏牛繁育基地1处，规模达1200头；中藏药材种植基地1处，规模4000亩；蔬菜种植基地2处）。根据全国草地生态畜牧业试验区的工作要求，全州以甘德县8个试验区试点合作社为重点，正在全力推进合作社股份制改造。

三、生态畜牧业扶贫取得的成效

（一）拉格日模式取得的成效

五年来，县政府大力推进生态畜牧业合作社建设，凝练出“拉格日模式”和“泽库经验”，发挥了带动全县、示范全州的巨大效应，成效显著。

1. 生态环境明显改善

“拉格日模式”推行以草定畜、草畜平衡的制度，破解了超载过牧和维护生态环境难以统一的难题，实现了生态保护和畜牧业经济发展的良性循环。据监测统计，2011 年与 2019 年比较，全县连片 100 亩以上退化草原（黑土滩）由 68 万亩减少到 9.72 万亩，草原每亩产鲜草从 204.2 公斤提高到 354.8 公斤。人工草地面积从 11.53 万亩增加到 39.53 万亩（含耕地种草 4.9 万亩），总产鲜草 37.63 万吨，按每亩产鲜草 354.8 公斤计算，扣除人工草地面积的草原产草量，相当于增加了 174.5 万亩草原；同时，政府还加大了鼠虫害防治力度，鼠害面积由 392 万亩降到 135 万亩。拉格日村退化草原面积由 2.6 万亩减少到 0.11 万亩，草原亩产鲜草从 198.2 公斤提高到 376.9 公斤，鼠害面积由 4.8 万亩降到 0.3 万亩，饲草种植面积从 30 亩增加到 1533.87 亩。由于草原恢复治理成效显著，2017 年泽库县被农业农村部认定为全国退牧还草工程试点县。

2. 贫困人口全部脱贫

“拉格日模式”是“精准扶贫、精准脱贫”的成功典范，在全县脱贫攻坚战工作中发挥了极其重要的作用。据统计测算，全县 26 个贫困村中有“拉格日模式”合作社的村有 17 个，贫困户有 4488 户、占全县的 86.46%，贫困人口 16789 人，占全县 79.9%。2015 年全县识别建档立卡贫困村、贫困户、贫困人口分别是 26 个、5191 户、21096 人。2017 年有 7 个贫困村、1031 户 3971 人退出和脱贫，2018 年有 10 个贫困村、3473 户和 14037 人退出和脱贫，2019 年有 9 个贫困村、781 户和 2566 人退出和脱贫，至此泽库全县与全国同步全面退出贫困县。拉格日村 2017 年比全县提前两年退出贫困村，其余村也于 2019 年全部脱贫，拉格日村成了黄南州实现脱贫的样板。

3. 经营方式全面创新

“拉格日模式”创建出的草原畜牧业新型经营机制，极大推动了全县畜牧业经济的健康发展，搭建起了村集体产权制度改革平台，开辟了草原牧区村集体经济改革与发展的先河，其模式具有代表性、前瞻性和可复制性，形成的生产经营机制具有鲜明的牧区特点和草原畜牧业特色。该模式总结凝练出了“32 字经营方针”“6 变经营理念”“3 种股权设置模式”“1 章程 10 制度”“5 大转型要求”“草原奖补 30% 奖励资金考核分配办法”“151 营销体系”等经营管理机制，以及产业发展“一核两翼、一轴一区”“1 委 2 园 6 功能 29 基地”的新格局，建立起了符合泽库县畜牧业经济发展的政策、制度、经营模式和产业体系。

（二）果洛州取得的成效

1. 产业化格局初步形成。近年来，全州上下秉承“保护与发展并重，生态与产业并进”的发展理念，立足合作社这一平台，坚持以草定畜，进一步加大整合政府涉农资金，着力推进生态畜牧业产业化项目建设，在转变畜牧业经营模式和发展生态畜牧业产业化方面取得了新的成绩；全面推进生态农牧建设进程，以“五位一体”为突破口，以生态畜牧业合作社为载体，以生态畜牧业产业化项目建设为抓手，实行了“政府扶持，群众配股，规模化生产，标准化养殖，集约化经营，企业化管理”的产业化发展模式。

2. 产业化链条初步建成。合作社联合雪域珍宝、雪域格桑花和玛尔洛等州级乳制品企业，通过实行“一次性入股、产销联营、长期受益、固定分红”的模式，依托生态畜牧业产业化牦牛奶源基地，建成了 8 个鲜奶收购站，加强了产销联结，解决了鲜奶“卖难”和乳品加工企业“买难”的问题，畅通了鲜奶销售渠道。久治县 5369 生态牧业科技有限公司的 22 种牦牛肉系列产品通过了有机加工认证，成为全省第三家畜产品加工有机认证企业；甘德县 1010 万亩草地通过有机认证，成为全国面积最大的有机畜产品生产地区。“果洛大黄”“果洛蕨麻”“久治牦牛”“玛多藏羊”“甘德牦牛”等 5 个农产品获得国家农业部地理标志认证，标志着果洛州依托甘德有机牦牛、藏羊为原料的完整有机畜产品产业链已初步形成，为全州畜牧业提质转型升级奠定了基础。

3. 生态畜牧业初见成效，分红乐观。2016 年，全州 34 个合作社分红总资金达 1395 万元，惠及 3249 户、13954 人，户均达 4070 元，人均达 1000 余元。今年，州政府整合各类资金 5440 万元（其中省级资金 1380 万元，财政资金 1340 万元，州科技资金 200 万元，上海援青资金 2520 万元），在 26 个村社实施特色畜牧业产业化项目 26 个，并结合农村综合改革，不断加大草原、牲畜的整合力度，使畜牧业经济组织化程度和民主管理水平得到提升，有效促进畜牧业产业经济效益。

四、存在的问题

青海高原牧区一直以传统畜牧业为主，现代科技农业含量融入低、缺乏产业链，丰富的产品资源不能有效转化为产业经济，从而制约着泽库县的经济发展和牧民增收脱贫。扶贫产业孵化园以推进“园区 + 龙头企业 + 合作社 + 牧户”为经营模式，由企业带动合作社或微小企业发展和建立产业链，实现产业经济的可持续发展和循环经济产业链，促进和引领合作经济组织产业化、规模化、企业化运行，加快推进产业化精准扶贫。

从目前的进程来看，由于青海省生态畜牧业建设受自然环境、经济社会发展、农牧民素质和畜牧业基础条件等因素制约，资源优势、比较优势、品牌优势等还未充分发挥出来，其主要存在以下问题：

一是认识不到位，重视程度不够。个别地区领导不重视生态畜牧业产业化建设，工作不积极、不主动，对区域生态畜牧业的发展思路不清、目标不明，将产业化项目视为一般项目，没有在整合草场、群众入股和建立股份制经营及企业化管理方面下功夫，尤其是合作社股制改造没有真正完成，已建成的部分产业化项目没有实现效益最大化，“牧户 + 合作社 + 企业”的优势还没有真正发挥出来，部分合作社仍然存在牧户入社率低、草场整合率不高和资源整合力度不大的问题。

二是自然资源禀赋制约发展。自然条件严酷、生态系统不稳定、饲草业不发达、牲畜品种老化，以及市场流通体系不健全等因素，都制约着合作社的发展，特别是有些合作社苦于资源储量不足、农畜产品加工规模偏小，不具备与一些省内外企业深度合作的条件，也不敢约谈大宗“订单”销售和意向协议。同时，规模和龙头企业少，农牧民与企业之间大多是纯粹的买卖关系，没有形成风险共担、利益共享的共同体；草原生态畜牧业保险制度尚未健全，不能最大限度地减轻重大自然灾害条件下的风险。

三是基础设施薄弱，服务功能较差。生态畜牧业专业合作社缺乏畜棚、防疫、道路等基础设施建设，在产仔、保育、运输、安全过冬等方面还存在着不确定因素。

五、对策措施

（一）拉格日模式的启示

1. 走现代化生态畜牧业之路，必须坚持转变生产经营模式

五年的实践告诉我们，以牲畜、土地折价入股，草场随畜计价流转，劳力专业分工，生产指标量化，用工按劳取酬，利润按股分红为主的股份制经营模式来看，最重要的是把握好两点：既要引导群众增强意识，又要尊重群众意愿；生产和经营既要体现出效率性，又要体现公平性。

2. 省委和省政府的正确引导以及业务部门的大力扶持是生态建设畜牧业合作社发展的强劲动力

作为弱势产业的生态畜牧业和弱势群体的牧民，凭借自身力量直接进入市场进行平等竞争非常困难。没有政府的引导和扶持，生态建设畜牧业合作社这一新型牧民组织就会夭折于严酷的市场法则之下。因此，作为政府首先在观念上要加以引导，确立生态发展的理念，使其走上科学发展、和谐发展的道路；其次在财力上给予大力扶持，在信贷、税收、科技、生态建设畜牧业标准化生产和项目的申报投入方面给予倾斜，夯实合作社发展的基础。

3. 调整产业结构，挖掘草地潜力实现多元发展，是实现生态建设畜牧业可持续发展的方向

长期以来，传统畜牧业的发展只停留在注重畜牧业生产养殖功能上，

从而使畜牧业发展方式狭隘，产业结构单一。“拉格日模式”重点在于根据环境资源的承载能力，构建科学养畜、草畜联动、协调发展为主要内容的草原生态畜牧业，并最终建立经济、社会、生态三大效益协调统一的产业体系，形成草原生态保护和畜牧业发展之间的良性循环。

4. 坚持科技创新，是实现生态畜牧业可持续发展的保障

推动生态畜牧业发展，必须坚持用科学技术作保障，从而在根本上解决传统畜牧业发展动力不足、发展方式粗放、产业层次偏低等亟需解决的问题。必须依靠创新，走创新发展之路。实施牲畜良种工程，通过提质增效实现稳畜增产；加强科研推广，提高生态畜牧业的科技含量；建立生态畜牧业长效投入机制，实现可持续发展。

5. 探索集体经济股份合作新模式，提高了草地畜牧业规模化经营水平

以开展农牧区集体产权制度改革试点工作为契机，将村生态畜牧业专业合作社与村集体股份经济合作社融合发展。村集体经济组织统一命名为“XX 村股份经济合作社”，经营范围为生态有机畜牧业及一二三产业融合发展，做到形式与内容合二为一。实现生态畜牧业专业合作社社员股的股价、股本、股升值率的统一，将村集体自然资源、公共资产和牧民个人生产资料进行了股权化，有利于牧民积累资产，并利用这些资产持续受益，实现持久脱贫。

（二）果洛州玛柯河乡脱贫攻坚工作

1. 脱贫攻坚档案资料工作走在全县前列

最早自行组织乡扶贫驻村工作队去河南县、同德县，组织学习异地扶贫先进做法的唯一乡镇，档案资料在全县档案资料工作学习的榜样中，每期排名第一。

2. 村集体经济破零工程走在全县前列

一年清零，二年提质，三年做强目标，以“党支部 + 村集体 + 合作社 + 能人养殖大户”的模式，2018 年三个村一年内实现“破零”，2019 年，

三个村是获得村集体经济中央直补奖励资金 150 万元的唯一乡镇。

3. 扶贫产业工作走在全县前列

按“一村一品”目标，则多牦牛、马格勒奶牛、则达犏牛的特色产业已形成，木雕厂、服装厂、炒面加工坊、喂桑用品加工坊、综合便民超市、党员生态读书园、县城鲜奶销售站、县城藏式家具销售站等二三产业遍地开花。玛柯河乡是全县各乡镇内在全州生态畜牧业合作社工作总结表彰会上获得三等奖 5 万元奖励资金的唯一乡镇；是如期召开全县生态畜牧业合作社现场推进会的唯一乡镇；是全县各乡镇内生态畜牧业合作社社员分红最早的乡镇；是全县内生态畜牧业合作社（对外出售犏牛 400 多头）犏牛市场交易最多的乡镇；也是全县各乡镇内实现三个村生态畜牧业合作社项目全覆盖的唯一乡镇。

4. 精神文明扶贫走在全县前列

文艺队排练 26 余藏戏等优秀节目，在各乡及乡域内累计巡回演出达 36 余场次；自行编排演出棘球蚴病防治方面的小品、洗手操等节目，对地方棘球蚴病防治做出了一定贡献；开展“迎接新时代，倡导新主题”的精神文明家庭室内室外环境卫生整治活动，评选环境卫生达标家庭。2019 年文艺队获得省文化厅拍摄藏戏扶贫演出资金 10 万元，是全县获此奖励的唯一乡镇；是在全县乡镇内连续两届举办为期六天时长的大型民族团结杯牧民运动会的唯一乡镇；是在全州内举办春节联欢晚会、首届“老年节”举办成功的百姓最满意的唯一乡镇；是发扬民族传统文化、丰富群众文化生活的基层文化优秀服务集体。

5. 搬迁管理工作走在全县前列

玛柯河乡是成立易地搬迁管委会最早的乡镇，实行易地搬迁户的草山和牲畜折股量化入股合作社，解放劳动力就地就业，解决易地搬迁户后顾之忧，是“住进去、住得稳”方面自行探索做法最好的乡镇；是制定“村规民约、寺规僧约”最早最全面、执行落实最好的乡镇；是全县各乡镇内最早召开易地搬迁入住仪式、规模最大、入住率最高的乡镇。

6. 是全县内扶贫工作队伍建设最强的乡镇，走在全县前列

县级联点单位和县级领导经常性督导扶贫包村。三个乡正科级领导每人包一村（成为产业书记、项目乡长、卫生主席），每个村第一书记长期驻村包产业，三个副科级领导主管驻村三个村包宣传，四个一般干部既包村又包档案，一个专职秘书负责扶贫文字材料，形成人人干扶贫工作的局面，是干部参与率最高的乡镇。

7. 是全县各乡镇内通信手机信号基站覆盖最多的乡镇，走在全县前列；是群众获得感、幸福感、满意度最高的乡镇

2018 年至今乡域内连续建设手机信号基站六处。

8. 总结

习近平总书记在全国农业农村改革座谈会中强调，农业强则中国强，农村美则中国美，农民富则中国富。这一理念不仅为解决三农问题这一全党工作的重中之重提供方案，同时也指明了路径，也为中国特色社会主义事业的进一步发展指明方向。

拉格日模式的实践充分证明，只要坚持结合实际、尊重科学、统筹兼顾、大胆探索，草畜矛盾的问题就能解决，草地生态畜牧业这条路我们能走也能走得通、走得好。因此只有拉格日模式才能更好地结合资源，实施国家惠民政策，整合各类建设项目资金，凸显项目预期收益，调整畜牧业生产结构，重新分配劳动力发展多元化服务，让牧民群众成为利益按股分配的受益者，为全面建设更美黄南奠定坚实基础。

参考文献

［1］魏云妹. 畜牧业在脱贫攻坚中的地位及存在的问题［J］. 江西农业，2019，000（020）：35-36.

［2］曹大选. 浅谈我国发展生态畜牧业的重要性［J］. 畜牧与饲料科学，2014，35（Z1）：95-96.

第五章　特色产业扶贫（一）

引言

2015年10月16日，习近平总书记在减贫与发展高层论坛上首次提出“五个一批”的脱贫措施，“通过产业发展一批”作为扶贫攻坚“五个一批”中的第一批，成为未来5年中国在扶贫领域实施的重要战略。产业扶贫是缩小城乡差距、带动农村经济发展，提高农村收入的重大战略举措，是贫困户摆脱贫穷的根本道路。没有产业带动，贫困地区很难脱贫；缺乏产业的支撑，脱贫并不长久。根据《“十三五”脱贫攻坚规划》和《关于切实做好就业扶贫工作的指导意见》，中央提出的产业扶贫政策主要围绕以下五个方面展开：第一，农林产业扶贫。具体为优化发展种植业，积极发展养殖业，大力发展农林产业，促进产业融合发展，扶持培育新型经营主体，加大农林技术推广和培训力度。第二，旅游扶贫。具体为因地制宜发展乡村旅游，大力发展休闲农业，积极发展特色文化旅游。第三，电商扶贫。具体为培育电子商务市场主体，改善农村电子商务发展环境。第四，资产收益扶贫。具体为鼓励和引导贫困户将已确权登记的土地承包经营权入股企业、合作社、家庭农林场，与新型经营主体形成利益共同体，分享经营收益；建立健全收益体制，确保贫困户分享资产收益；创新资源开发占用农村土地补偿方式，让贫困人口分享资源开发收益。第五，科技扶贫。具体为促进科技成果向贫困地区转移转化，提高贫困人口创新创业能力，加强贫困地区创新平台载体建设。

2018年中央“一号文件”《关于实施乡村振兴战略意见》中指出：“乡村振兴，摆脱贫困是前提。”要“聚焦深度贫困地区集中发力”“推进特色农产品优势区创建”“推进农村脱困振兴”。2019年中央“一号文件”又指出，今明两年是全面建成小康社会的决胜期，要推进农业农村优先发展，发展特色产业，解决区域性整体贫困。《中国农村扶贫开发纲要（2011–2020年）》指出“发展特色产业”是重要扶贫模式，“到2020年，初步构建特色支柱产业体系”。《“十三五”促进民族地区和人口较少民族发展规划》指出，要充分发挥民族地区自然人文资源比较优势，大力发展特色产业，推进民族地区发展。习近平总书记在山东菏泽调研时曾强调：“一个地方的发展，关键在于找准路子、突出特色。欠发达地区抓发展，更要立足资源禀赋和产业基础，做好特色文章，实现差异竞争、错位发展。”由此可见，发展特色产业，创新扶贫方式，是推动贫困地区尤其是少数民族地区经济社会发展和帮助贫困农牧民实现可持续发展的根本之策。

特色产业扶贫是指贫困地区从本域资源禀赋的实际出发，依托产业、面向市场，在国家精准扶贫政策的扶持下，通过“造血”的方式，引导有劳动能力的贫困群众开发当地特色资源、发展特色产业，这是带动贫困群众就业增收脱贫的关键举措和扶贫模式。特色产业，总归在一个“特”字，它是一个国家或一个地区在长期的历史发展过程中所积淀成型的一种特有的、具有核心市场竞争力的产业或产业集群，既可以有效地降低企业生产成本，减少市场的信息不对称，形成经济增长极，提升经济竞争力；又可以带动相关产业的发展，对增强市场机制、促进产业经济全面发展有着极强的推进作用。简单来说，特色产业如果发展得好，可以拉动整个地区经济的发展。特色扶贫产业主要包括特色农业、特色手工业、电商、光伏发电和乡村旅游等产业，特色产业的精准选择以及利益分享机制的构建和创新是特色产业扶贫的重要内容。大量研究结果表明，特色产业是农村地区贫困人口脱贫致富的主要途径，同时也是贫困人口生活和收入的主要来源，发展特色产业是提高贫困地区人口自我发展能力的重要举措。但是在具体的特色产业选择和具体的范畴确定过程中，要以贫困人口的可实施、可承载、能融入、能增收为前提，要保证产业发展的适宜性、适度性、准确性，不能够随意虚化，更不能脱离实际。从具体的发展特征来看，特色产业扶贫具有政治性、经济性、区域性、复杂性和绿色性等几大特点，在整个产业发展过程中必须做到统筹兼顾，相互促进。

青海省的贫困人口大多集中在农村、牧区，依赖土地、草原为生，资源禀赋极其有限。但地处高原净地，青海省贫困地区多半拥有可开发的特色产品和生态资源。如果在做好基础设施建设的同时，充分挖掘和利用这些资源，带动农牧户脱贫致富，可使贫困地区实现超常规发展。因此，特色农牧产品产业化以及合理利用生态资源是农村牧区贫困人口脱贫的最直接、最有效的途径。另外，青海省是一个多民族聚居的地区，由于特殊的地理环境、悠久的历史、多民族的融汇发展，形成了丰富灿烂的民族文化，其中极具特色的民族手工业占据着重要地位。通过文化产业扶贫促进民族艺术的传承和发展，使民族艺术品产业化，从而带动民族贫困地区脱贫，也是实现少数民族贫困人口脱贫的现实路径之一。推动产业化扶贫，以发展集中连片特色优势产业为依托，着力实施文化扶贫战略，努力探索具有地域特色的产业扶贫之路。近年来青海省也做了多方面的尝试，根据国家政策以及当地实际情况，积极寻找特色产业，利用特色产业脱贫致富，因地制宜、扬长避短、优势互补，也创造了股份合作型、集体经营型、企业带动型、联户经营型、土地流转型等不少发展模式，形成了具有青海特色的产业扶贫模式，并取得了令人满意的成效。

一、特色产业扶贫基本情况（个案观察）

（一）班玛县藏雪茶

班玛县位于青海省东南部，地处青藏高原腹地，其典型特征是地广人稀，群众居住分散，交通落后，信息闭塞。这里不仅是国家级深度贫困县，还是四省藏区的特殊贫困县。数据显示，2015 年该县共有 13 个贫困村 1945 户 8047 名贫困人口，贫困发生率高达 32.8%。不过，这里海拔 3000—3500 米，气候温润、水质优良，非常适宜藏雪茶生长。

藏雪茶作为藏茶文化的组成部分之一，是班玛县为数不多的特色产业。藏雪茶由生长在青藏高原的两种高山海棠——花叶海棠和变叶海棠的嫩叶加工制成。经研究检测，藏雪茶富含茶多酚、多种维生素、类黄酮等营养元素，具有“三降四抗”的作用，即降血压、降血糖、降血脂和抗衰老、抗病毒、抗肿瘤、抗氧化，对提高人体免疫力、延年益寿等具有非常好的保健功能。

2014 年，按照“优势资源、优势产业、优势区域、优先发展”的原则，班玛县确立了大力发展藏茶产业的战略思路。在青海省林业厅支持下，按照“政府引导、群众参与、试点先行、逐步推广”的思路，在灯塔乡开始了青海省历史上首次规模化人工种植藏茶，老百姓每种植一株茶苗，政府财政补贴 2 元钱，并逐步在全县推广。2015 年，青海省确定了“建立班玛县藏茶种植、加工示范基地，逐步扩大种植规模”的目标。班玛县成立藏茶产业发展领导小组，按照《班玛县藏茶基地建设与产业发展规划（2014—2020 年）》，继续扩大藏茶种植规模，在亚尔堂乡、赛来塘镇和灯塔乡人工种植藏雪茶 530 公顷，形成了玛柯河两岸长达 100 公里的班玛县首个藏茶生产基地。

玛县藏雪茶产业开发有限责任公司于 2015 年 7 月成立，位于县藏文化产业园内。2016 年班玛县委、县政府投入资金 1600 万元，修建 3000 平方米的综合车间、1000 平方米的 GNP 车间和 500 平方米的研发中心，总资产达 2600 万元。目前公司拥有全自动藏雪茶生产线，以及各类齐全的茶叶初制、精制生产设备，主要生产高档名优藏雪茶系列产品，是青海省首个茶叶生产企业，是班玛县林下产业综合开发项目实施单位和重点林下产业化企业。藏雪茶产业形成了“公司 + 牧户 + 基地”的发展模式，茶叶鲜叶年产量约 30000 斤。

表 5-1　藏雪茶种植情况

分类	总量
野外天然种植面积	500 亩
人工造林种植面积	1.5 万亩
茶园式种植面积	0.3 万亩
藏雪茶总种植面积	1.85 万亩

数据来源：班玛县人民政府官网

藏雪茶产业坚持生态效益、经济效益、社会效益相统一，努力打造集生态观光、休闲旅游、传播藏茶文化为一体的优质茶园，引领藏雪茶向产业化、规模化、标准化方向纵深发展。同时，班玛藏雪茶荣获了2018中国（上海）国际茶业博览会金奖、2018中国（东北亚）森林博览会金奖等殊荣，实现了从“藏在深闺人未识”到“撩开面纱惊八方”的逆袭。

（二）同仁县热贡文化

同仁县位于川、甘、青三省交界地带，属青藏高原和黄土高原交错板块，县内大多数群众生活在浅脑山区，地理条件恶劣，信息闭塞，是一个以农为主、农牧结合的小块农业区和多民族聚居区。自然环境和贫困问题互为因果、相互制约，农牧民人均收入水平低下。但是，特殊的区域环境、历史背景和民风民俗，培育了世界非遗“热贡艺术”这一灿烂文化。作为“热贡文化”发源地的同仁县，同时也是安多藏传佛教文化的重要地区之一。

热贡文化包含了丰富的文化内容，有以唐卡、壁画、堆绣、雕塑、沙盘画为内容的民间工艺技术；有以热贡藏戏、传统曲艺、民间传说、拉伊传唱、著作典籍等为内容的文化艺术作品；有以热贡六月会、土族於菟、宗教法会等为内容的民间活动等，被誉为青藏高原上一颗瑰丽的明珠。热贡艺术凭借其独特的审美观念、独有原材料和独特的保护传承方式在藏传佛教、民间美术建筑等方面具有重要的历史价值和艺术价值，具有鲜明的民族性和地域性，于2006年5月被列入国家级非物质文化名录，2009年10月被联合国教科文组织列入人类非物质文化遗产。

针对贫困村产业结构单一、扶贫产业选择空间小、贫困人口收入增速缓慢的实际，同仁县委、县政府依托国家级文化产业示范基地、省级文化产业示范基地，在全县采取“政府+文化企业+贫困户”的模式，统筹整合就业、农牧、扶贫、文化等培训项目资源，充分发挥扶贫车间的作用，加强建档立卡贫困人口热贡艺术技能培训，在提高贫困群众生产技能、就近就业增加收入等方面发挥了积极作用。2019年政府投入扶贫车间补助资金33万元，对573名建档立卡贫困家庭劳动力开展热贡艺术技能培训，每人补助培训经费1万元，主要用于培训期间的学杂费、住宿费、实习实验费、生活补助等。为确保培训工作落到实处，政府制定《培训经费管理办法》，按年度拨付培训经费，开展年度考核、培训结业考核和技能鉴定工作。截至目前，累计投入830万培训1500余人，累计带动1159户5384人贫困群众脱贫。

同时该县善于利用优势，立足区位、生态和民族文化优势，整合行业、专项、社会、金融、对口帮扶等各类扶贫资金，组织实施“一村一品”工程，培育壮大唐卡、堆绣等特色文化产业，辐射带动贫困群众增收致富；用足用好财政扶贫产业发展资金，鼓励支持贫困群众以入股文化产业合作社、龙头企业、集体组织等形式，完善“企业＋基地＋贫困户”“企业＋合作社＋贫困户”模式，加快推进文化旅游基础设施建设，积极打造“同仁省级文化扶贫产业园”，推动旅游与当地特色农牧产业、工业产业融合，推动旅游业与美丽乡村、特色小镇建设、精准扶贫等融合发展，形成扶贫就业、产业发展和文化振兴的多赢格局。

2018、2019年相继召开了全国性民族手工业扶贫车间现场观摩会。特别是在中央政治局委员、国务院扶贫开发领导小组组长、国务院副总理胡春华来同仁调研扶贫工作期间，同仁县政府展示了文化扶贫和特色产业扶贫经验做法，得到了充分肯定。

（三）乡趣卡阳户外旅游景区

卡阳村位于青海省西宁市湟中区拦隆口镇，地处脑山地区。卡阳村风景优美，空气清新，是距离西宁市区最近的原始林区和高山牧场。莽莽青山、苍苍林海，守着金饭碗，卡阳村却一直很穷：这里山大沟深，交通极为不便，山是荒草坡，地是坡耕地，水土流失严重，水土流失面积占全村面积的70%左右，村民广种薄收，生活困难，经济发展落后。全村265户926人，其中贫困户44户130人，是青海省定点贫困村之一。2015年以前，人均可支配收入不足4000元。曾因村内条件差、村民经济收入低、适龄单身青年多，卡阳村成为远近闻名的“光棍村”。

面对“穷”“弱”等现状，挖出穷根是关键。2016 年以来，卡阳村在湟中区委区政府的统筹安排下，精准实施扶贫计划。凭借得天独厚的自然资源，卡阳村通过招商引资，引入西宁乡趣农旅集团 1.5 亿元投资，修建景区，“靠山吃山”发展旅游产业，把村庄改造和景区建设相结合，打造成集健身徒步、观光采风、体验乡趣、品尝美食为一体的户外旅游度假景区。建设完成相关旅游基础及文体休闲娱乐配套设施项目，全省首条旅游扶贫公路建成通车，景区全年游客总数超过 50 万人次，成功创建为全国 3A 级景区（2018 年已正式批准为 4A 级景区），成为全省乡村旅游品牌。

卡阳村党支部书记祁生海介绍，2018 年卡阳村党员带头集资 19.6 万元，购置了 2 辆中巴汽车，依托卡阳景区，从事乡村旅游运输，把打造乡村振兴战略省级示范点和集体经济“破零”工程结合起来，率先实现村集体经济“破零”目标，现已累计收益 22 万左右。同时，卡阳村以东西部协作扶贫为机遇，争取帮扶资金 225 万元，落实“南京—西宁友谊林”产业扶贫项目，完成建设高标准景观山杏林 375 亩，打造卡阳“春赏花、秋摘果”的美丽景观。鼓励引导村民通过塄坎苗木培育、景观林产业实现长久收益。2018 至 2019 年，卡阳村落实省级村级壮大集体经济共计 100 万元，通过入股光伏产业受益分红累计达 6 万元。现今，卡阳村正发展所有集体经济项目，项目建成后，预计年总收入超过 100 万元，年纯利润可达 60 万元。

二、主要经验做法

（一）狠抓产业扶贫，保证长效收益

按照习近平总书记的“两山”理念和省委省政府提出的“东部沙棘、西部枸杞、南部藏茶、河湟杂果”的林业产业发展战略，班玛县坚定不移地发展班玛藏雪茶，把藏雪茶产业作为推进“绿色班玛”建设的重要举措和促进富民强县的主导产业，努力打造“ 中国藏雪茶之乡”，最大限度获

取藏雪茶产业的生态效益和经济效益，藏雪茶产业逐步走上了高质量发展的道路，已成为广大牧民群众的重要收入来源。

依托文化资源优势，从2017年起，同仁县委、县政府根据上级党委、政府的要求，全力打造文化扶贫产业基地，建设文化扶贫车间，破解产业发展难题。目前已建成唐卡、堆绣、泥塑、雕刻等4个文化扶贫产业基地，22个扶贫车间。通过培训基本实现有意愿的贫困人口掌握一门热贡艺术技能，实现稳定脱贫。

乡趣卡阳户外旅游度假景区以“党建扶贫+乡村旅游”方式，依托乡趣卡阳景区旅游产业开发，通过劳务输出、扶持开办“农家乐”、成立农机化扶贫专业队等措施，推动卡阳精准扶贫、美丽乡村建设工作。同时，以乡村旅游开发带动扶贫攻坚，坚持产业主导，创建“文化+旅游”的商业模式，切实夯实扶贫基础，改善当地农民生产生活条件。

（二）加强基础设施建设，推动产业发展

班玛县委、县政府积极筹备，2015年7月注册成立了班玛县藏雪茶产业开发有限责任公司；2016年投入扶贫资金1600万元，修建了4500平方米的藏雪茶粗加工综合车间及研发中心；2020年先后投入1200万元（省农业农村厅1000万元，上海援建资金200万元），先后对藏雪茶包装、宣传、检测和标准化厂房、设备进行了升级改造。

同仁县以突出原生态、乡土文化、乡村风貌为主，加大对景区、传统艺术村落、民俗文化体验村落、年都乎、郭麻日古堡、东干木等相关的游客接待中心以及观看台、停车场等以村容村貌整治为主的基础设施建设。强化重点区域保护建设，对国保单位、传统村落、传统民居、自然景观进行恢复性修缮，并对部分传统村落道路交通、排水、照明设施等进行修建，有力改善了实验区群众生产生活方面的基础条件。2020年投入330万元扶持唐卡文化龙头企业“热贡桑杰唐卡画院”和“热贡慈善艺苑职业培训基地”，建设省级文化扶贫车间，发展文化扶贫带动，通过“产业扶持+转移就业+发展后续产业”等举措，吸纳易地搬迁脱贫户进入文化扶贫

车间接受唐卡技能培训和就业创业，促进搬迁群众就地就业稳定增收，让脱贫户通过发展文化后续产业巩固提升脱贫成果，增强脱贫户后续自我发展能力，取得易地扶贫搬迁决定性成效。项目的建设不仅创新扶贫开发机制，壮大优势产业，拓宽了贫困农户增收渠道，促进了贫困群众增收，而且推动了热贡艺术产业及旅游业发展，社会生态效益显著。

从 2015 年至今，乡趣卡阳户外旅游景区已建设完成国家 4A 级景区相关旅游基础设施及配套设施，其中包括：卡阳花海、游客服务区、扶贫产业园、大型停车场、房车露营区、民俗木屋度假区、户外休闲健身区、文化服务区等功能区域，得到省内外广大游客的认可与喜爱。位于西宁市城北区的乡趣园于 2016 年在原有设施的基础上，利用空闲地带进行资源融合，先后完成“灯海观赏”“老西宁河湟印象古街”以及“田园风光式养老养生基地”项目，挖掘河湟农耕文化，继续深化园区休闲农业与乡村旅游产业发展。

表 5-2　乡趣园“中国创客示范基地项目”部分运营成果

项目	总量
向社会提供了创业商铺	35 个
吸纳失地农民和返乡青年创业人员	50 人
带动就业	200 人以上
接待国内外游客	50 余万人次

数据来源：湟中区人民政府官网

（三）结合文化旅游，助力产业扶贫

同仁县通过发展具有特色的乡村旅游，进一步拓宽群众增收致富的路子，以产业发展拉动经济增长，以经济增长带动乡村致富。2019 年组织隆务镇、扎毛乡和曲库乎乡党委书记、乡长及相关贫困村两委班子成员共 30 余人召开了同仁县乡村旅游发展推进会，通过观看湟中卡阳、大通边麻沟等青海其他县乡村旅游发展的典型案例视频，认识到发展乡村旅游对解决农村剩余劳动力、促进农民增收、发展销售乡村特色手工艺品及改变村容村貌起到的积极的作用。并分析研究同仁县乡村旅游现状，统一乡村旅游发展定位，确定下一步招商引资的目标。组织 12 家同仁县本地企业负责人召开了同仁县乡村旅游招商洽谈会，以视频的形式展示了扎毛中国原生态藏乡风情谷、曲库乎江龙户外徒步野营基地、措玉狮子峰健康养生山庄等政府对乡村文化旅游发展已做出的基础设施建设工作，并向各企业的负责人介绍了同仁乡村文化旅游发展前景，深入探讨了乡村旅游发展投资存在的顾虑问题，确定了下一步乡村旅游发展方向。

为了推动同仁县文化旅游产业发展，提升文化旅游融合度，同仁县吾屯村依托资源优势启动了热贡文化艺术产业园区建设，园区规划总面积 50.6 公顷，主要建设内容有热贡文化艺术展示销售区（其中包括热贡文化艺术主题广场、游客服务中心、热贡文化艺术会展中心、民俗演艺中心）、热贡艺术创作区和滨河休闲区（集观光、度假、休闲、餐饮、娱乐为一体）。该园区既不同于经济开发区，又不同于一般的产业园区，它拥有热贡艺术发源地的地域优势，以原生态的热贡文化生态作为基础，原则上以旅游小镇为载体，具有旅游小镇、旅游景区的功能特点，是一个集艺术创作、住宿接待、艺术休闲、民俗休闲于一体的高端的产业园区，是一个面向全国、面向全世界的热贡艺术生产性保护、保护中发展、发展中创新的平台。该园区的总体建设思路是以人类非物质文化遗产——热贡艺术的保护、传承、传播、振兴、创新为目的，依托热贡地区丰富的特色文化资源，借助热贡艺术古村落深厚的文化积淀，依照园区建设地的地形地貌特点，打造以热贡艺术为主题，以旅游小镇为空间载体，以藏式庄园为建筑形式，以唐卡、雕塑、堆绣、壁画为艺术形式的创作核心，向艺术品销售、艺术品装裱、艺术品包装、矿物颜料加工及销售等配套产业以及文化观光、旅游休闲、民俗体验等延伸产业发展的产业园，将该园区打造成多元化、多功能、综合性的文化集群，从而促进文化旅游产业的快速发展。该园区建成运营后，预计总就业人数达 2800 人，具体就业人数分类如表 5–3 所示。

表 5-3　热贡文化艺术产业园区预计就业人数概况

分类	人数
演艺中心民族演艺人员	200 人
度假宾馆管理人员及服务人员	220 人
园区保洁	80 人
艺术创作人员	2160 人
会展中心工作人员及讲解员	120 人
园区管委会办公室工作人员	20 人
总就业人数	2800 人

数据来源：同仁县人民政府官网

热贡文化艺术产业园区对带动区域就业、打造知名文化品牌、推动文化旅游产业发展产生了深远影响。吾屯下庄村群众对发展文化旅游产业积极性高涨，于 2013 年 6 月以村民入股的形式成立了同仁县吾屯下庄村桑雄乡村农业科技文化旅游专业合作社，注册资金 8926 万元，采取土地入股和投资入股的方式开发园区，村民入股 432 股，园区实际占地面积 520 亩，土地入股 197 亩，村民入股资金达 5032.8 万元，全部用于购买建设用地和办理园区不动产权证。

乡趣卡阳户外旅游景区以河湟文化为牵引，以乡村旅游资源为基础，以举办民俗活动为抓手，因地制宜，吸引前来观光旅游的人们体验大美青海——河湟乡村的旅游乐趣，实现游客休闲度假旅游与民俗文化相结合的特殊的休闲生活方式，拉动旅游消费，带动乡村旅游产品开发。打造了全国同类景区长度之最的徒步木栈道、西北首条高山水滑道。2017 年，景区又相继完成对恐龙主题自然科普基地、爱国主义国防教育基地项目的建设，极大丰富和提升了乡村旅游景区的品质与档次。

（四）打造产业品牌，强化特色优势

班玛县将藏雪茶茶树种植、茶叶生产加工和销售等环节贯连起来，坚持标准化打造、规范化管理、品牌化运作、市场化经营，不断加大宣传和

推介力度，做大做强做优藏雪茶产业，创新开发和研制藏雪茶系列产品，藏雪茶先后荣获中国（上海）国际茶叶博览会金奖、第五届中国（东北亚）森林博览会金奖等多个奖项，先后加工制作出藏雪茶红茶、绿茶、茶饼以及“三色龙珠”、十二生肖系列匠心茶饼、红军茶等共计 20 余种系列产品，形成了“公司 + 牧户 + 基地”“公司 + 合作社 + 牧户”的扶贫产业链模式和“基地直销 + 实体店销售 + 电商销售”的营销模式。

同仁县借力热贡文化产业发展实现品牌带动就业。坚持把就业创业工作融入“三区建设”的重大决策部署中，做大做强“热贡艺术”全省劳务品牌，以点带面、以面促扩，切实从政策、资金、培训、公共就业服务等方面不断加大对热贡文化实体的扶持力度，全面促进热贡文化产业发展扩面、提档、升级，有效提升热贡文化的品牌影响力和吸纳就业创业的能力。

乡趣卡阳户外旅游景区在“户外旅游度假休闲”的基础上深度挖掘河湟农耕文化、传统工艺、传统美食、传统民俗等资源，不断完善景区旅游基础设施及相关服务配套设施，加大乡村旅游与文化休闲、康体养老、观光农业等的融合发展，引导特色乡村经济，发展集康体养生、农趣体验、户外健身等于一体的休闲旅游产业，不断推出乡村旅游特色体验型新型产品，加快创意旅游消费发展方式，打造全国乡村旅游品牌。

三、取得的主要成效

（一）实现精准脱贫，促进共同富裕

2016 年至 2019 年，共 1414 名建档立卡贫困户种植藏雪茶，收入累计达 665 万元，人均收入 4700 元。2018 年至 2019 年藏雪茶产业分红 200 万元，503 户建档立卡户户均收入约 4000 元。截至 2020 年，班玛县藏雪茶产业取得的部分成效如表 5-4 所示。

表 5-4　藏雪茶产业相关数据

项目	总量
藏雪茶产业总产值	2080 万元
种植藏雪茶产值	727 万元
生产藏雪茶产值	1353 万元
累计上交扶贫受益资金	306.56 万元
带动建档立卡兜底户	503 户
户均收益	6094 元
累计收购藏雪茶鲜叶	38 吨
生产藏雪茶成品	9.5 吨
累计支付藏茶收购款	200 万元
受益贫困群众	503 户
平均每户增收	3976 元
参与藏雪茶种植的贫困人口	5700 人
累计支付劳务工资	3070 万元
平均每人增收	5386 元

数据来源：班玛县人民政府官网

截至 2018 年底，同仁县已实现 22 个贫困村脱贫退出，2410 户 10109 名贫困人口脱贫，贫困发生率从 20% 下降到 4.3%，2019 年全县还剩下 7 个贫困村、695 户 2804 名贫困人口，计划全部“清零”。同仁县累计培训贫困户 657 人学习“热贡艺术”技艺，热贡艺术品制作收入占全县农牧民人均纯收入逾 20%。目前同仁县热贡产业取得的相关成效如表 5-5 所示。

表 5-5　同仁县热贡产业相关数据

项目	总数
人类非物质文化遗产项目	2 项
国家级非遗项目	5 项
省级非遗项目	10 项
地上地下遗存	229 处
文物保护单位	41 处
国家非遗传承人	11 人

续表

项目	总数
国家级工艺美术大师	8人
省级工艺美术大师	88人
文化企业	306家

数据来源：同仁县人民政府

乡村旅游的发展为卡阳村及周边村民打开了致富大门，从2015年建档立卡贫困户45户128人，到2016年成功摘掉贫困村的“帽子”；从2014年人均年收入仅2000元左右，到2018年人均可支配收入突破万元，乡趣卡阳户外旅游景区在青海实现卡阳扶贫“五个唯一”，形成了卡阳扶贫模式。2016年12月，经青海省扶贫开发局考核通过，卡阳村成为青海省脱贫致富第一村，“卡阳样板”扶贫模式在青海省范围内推广。

（二）促进就业，提高贫困人口劳动技能

班玛藏雪茶不仅拓宽了产业发展渠道，还带动了当地牧民群众脱贫致富。在赛来塘镇、江日堂乡、亚尔堂乡、灯塔乡，以藏雪茶为主导产业，成立了班玛县藏雪茶有限责任公司，将四个乡镇贫困户组织起来，整合土地资源，种植藏雪茶1.5万亩，年产藏雪茶35吨，盈利1000余万元。贫困户利用山场土地多种经营，由政府出资负责藏雪茶种植，农牧户统一经营管理，农户采茶后由企业统一收购和销售，采茶收益由农户直接获得，企业还吸收部分贫困户到茶厂季节性务工，赚取劳务工资。

黄南州以国家非遗保护专项资金和职业技能培训为载体，广泛调动全州465名非遗传承人、493名工艺美术大师、80户非遗示范户、71个非遗传习中心以及21所民办培训机构和职业学校的积极性，通过师傅带徒弟、定单式培训、“培训＋创业”等方式，大力开展热贡文化相关技能培训，探索出了一条依托热贡文化产业发展，以技能促进就业的新模式。据统计，全州共培训各类热贡文化技能人才8100余人，有效提升了就业创业能力。通过设立扶贫产业园、非遗扶贫工坊、非遗传习中心、扶贫车间

等方式，广泛吸纳建档立卡贫困户学员进行非遗技艺的专项培训，为学员提供免费食宿，并按技能熟练程度发放劳动报酬，不断拓宽贫困群众的增收渠道。全州共设立热贡文化产业园 1 个、非遗扶贫工坊 2 个，就业扶贫车间 22 个，吸纳贫困劳动力 877 人，实现劳务收入 260 余万元。黄南州泽库县和日村，同仁县年度乎村、尕沙日村等已成为文化技能增收致富和精准扶贫工作的先进典型，唐卡、堆秀、泥塑、石刻产品、民族工艺等销售已成为当地部分群众，特别是贫困劳动力主要家庭收入来源。

表 5-6　2020 年黄南州热贡产业从业相关数据

项目	总量
热贡文化产业经营主体	594 家
从业人员	4.17 万人
文化产业营业收入	12.6 亿元
文化产业营业收入同比增长	10.7%

数据来源：黄南藏族自治州人民政府

乡趣卡阳户外旅游景区不仅创下三年旅游综合收入 2000 余万元的历史新高，更为卡阳村群众搭建了增收平台，拓展了创业空间，让老百姓在家门口就能挣到钱。全村 256 户有近 100 户在景区摆起小吃摊、开起农家乐、当起保洁员，在家门口就业，日子也越过越好，以实际行动诠释了“绿水青山就是金山银山”。卡阳景区的农家乐是卡阳村精准扶贫的成果，整个村子里共有 20 多户扶贫农家乐，目前，卡阳景区的发展已经带动了不少村民发展餐饮业，以此来增加收入。同时，每家扶贫农家乐带动一户贫困户，通过这种方式，带动全村脱贫。

（三）保护生态，促进生态效益与经济效益协调发展

藏雪茶产业的发展既增加了群众收入，又提升了生态颜值。班玛县藏茶产业是一项兼顾生态保护、经济发展、环境美化的高原特色产业。该产业对调整优化农村产业结构、改善县域财政状况、增加农牧民收入、促进民生改善与社会文明进步、推进班玛县实现跨越式发展具有重要意义，已

经成为班玛县脱贫致富的重要支柱产业。

乡趣卡阳户外旅游景区规划布局已形成“一核三区”：“一核”是指以卡阳现有的高山草原为屏障，形成整个风景区的核心景观风貌，表现原生态的自然魅力；“三区”指在保持原有村落的格局中，进行功能区分，分为后勤保障区、生产保障区、游客服务区，一方面保障卡阳村的生产生活，另一方面为风景区的游客提供充分的服务。卡阳户外旅游景区的建设立足本地和周边城市市场，以大面积的森林生态为依托，以产业融合、业态创新、功能互补、合理布局为指导，整合区域内的高山、森林、村落、泉水等主题要素，充分挖掘乡村旅游资源；坚持产业发展助力扶贫攻坚，建设山水生态美丽乡村。围绕地方民俗和宗教文化进行挖掘与延伸，改善卡阳村交通状况，完善基础服务设施，提高村落整体环境风貌，将卡阳村打造成宁静美丽、生态休闲的小山村。

四、存在的不足

（一）产品产业科技支撑水平不强

青海省大部分贫困地区属于民族地区，农牧户受教育水平普遍偏低，缺乏种植特色产业作物、养殖牲畜的科学技术。部分农牧户现在仍然听不懂普通话，大都属于低技术型劳动力，因此在技术层面上对特色产业带动脱贫提出了挑战，易面临减产、低收、低效等问题。另外，全省农业特色优势产业核心技术研究成果转化较少，农业特色产业发展的种质资源开发利用、先进适用技术推广、产品深加工等方面亟须提高。一些产业面临良种供应不足、地方特色品种优势不强、品种退化、种源混乱等问题，导致产业效益低下等问题得不到有效解决。

（二）产品产业知名度不高，缺乏市场竞争力

由于各产业生产主体较多、缺乏龙头企业带动，加之信息网络不健全，服务设施不配套，服务水平不高，生产与销售、加工之间存在脱节，

导致许多产品市场占有率不高、知名度不足、市场竞争力较弱，进而影响特色产业发展和减贫效果。

以班玛藏雪茶为例，由于藏雪茶在班玛县大规模人工种植的历史并不长，且当前藏雪茶产业发展仍处于起步阶段，加之由于成本所限没有进行大规模的广告宣传，所以目前藏雪茶产品在消费者群体中的知名度并不高，很多消费者甚至从未听说过这种产品。现在消费者在选购茶叶产品时，产品的品牌是影响选择的一个重要因素。因为班玛县藏雪茶产品目前为止还没有形成一个知名的品牌，且由于藏雪茶种植、采摘、加工及运输的成本较高，造成藏雪茶产品的售价居高不下，对消费者的吸引力相对较低，在众多同类产品中竞争力较弱。

同理，乡趣卡阳户外旅游景区也存在类似的问题：区宣传力度不足，景区受众较小。作为青海省新兴景区，卡阳户外旅游景区的知名度远不如青海湖、茶卡盐湖等老牌景区，在机场、火车站或者旅游公司的宣传页上，极少出现乡趣卡阳户外旅游景区相关内容，出租车、公交车、广告屏上的广告投放力度也较小，导致卡阳户外旅游景区只能被青海本地部分人所知道，对省外来青旅游群体的吸引度不高，景区受众较小，限制了其知名度的进一步打开。

（三）品牌意识不强，营销体系不健全

部分产业市场理念和销售能力不足，重产不重销、重量不重质、重品种不重品牌。公用品牌价值较低，且品牌多数是省内地域性品牌，影响力亟待提升。另外还存在产销衔接还不顺畅的问题，有的经营主体自身管理和发展能力较弱，生产管理不科学，经营管理不规范，抵御市场风险能力有待提高。农产品的附加值低，农民的收益低，产业难以持续健康发展。

产品要变成商品，营销是关键一环，很多产业目前没有在营销上通盘考虑，缺乏一些有效的营销方式和平台。例如，目前卡阳景区尚未有大规模的品牌营销活动。“乡趣”企业的企业文化比较沉稳，目前主要通过企业官网：“中国乡趣网”进行品牌宣传，而对于现代化的网红营销、互联

网线上营销模式并不认同，更多地注重景区品牌的口碑建设，以游客们自发的朋友圈展示及微博等途径进行品牌建设。这种口碑建设虽有助于卡阳景区的稳步前进，但目前同类景区在西宁市周围不断崛起，与卡阳景区的核心景观形成高度重叠，如此单一的口碑建设成效周期较长，且需要长期培养，不利于卡阳景区短时间内形成强有力的竞争优势。

（四）产业规模化标准化程度不高

全省特色优势产业规模化布局、标准化生产程度仍然不高，产业的集中度和规范化管理还有差距，导致产品的产量、品质等得不到有效提高，规模效应难以发挥；产业的整体竞争力不强，个别地方或产业仍然存在以小规模经营为主生产的情况，带动能力不强，产业扶贫成效不显著。

（五）配套基础设施不够完善

班玛县距省会西宁市直线距离就有 400 多公里，开车需要 11 个小时以上，而且班玛县不通铁路，没有机场，只有公路一种运输方式，公路还是依雪山而修，蜿蜒曲折，非常容易发生事故。这就导致班玛县藏雪茶产品运往外界的运输效率很低且物流成本很高，间接拉高了产品售价。班玛县现有的物流平台只有中国邮政一家，因为运营成本的限制，众多快递公司并没有在这里设置营业点。我国的电子商务平台之所以能飞速发展，离不开完善的仓储基础设施建设，而在班玛藏雪茶销售链条上，仓储建设方面十分不完善，没有在交通便利的省会西宁市建立专供藏雪茶产品集散的仓储中心，网络销售平台不能做到就近发货，线下销售提货成本也很高，这都限制了藏雪茶产品的销售渠道的拓宽。

卡阳旅游景区也面临同样的问题，通往景区道路少且远，交通不便利。卡阳位于湟中区拦隆口镇西南部，距离西宁市区 42 公里，对于有私家车的旅游群体来说并不算远，但是对于没有私家车的旅游群体来说，由于没有直达景点的火车或大巴，来回需要花费大量时间。以青海民族大学的学生为例，从青海民族大学到卡阳先后需要转三辆公交车，总耗时在 3.5

个小时左右，加上返程，在路上消耗的时间就长达 7 个小时。这样一来，留给景点的时间就所剩无几，游客不能够全身心地体会户外旅游的乐趣，因此卡阳户外旅游景区可能不会是这一部分群体旅游的优先选择。

（六）社会保障制度不健全

医疗保险、养老保险在一定程度上解除了特色产业发展的后顾之忧，并在产业项目和搭建社会关系等方面发挥了优势作用。但多数扶贫特色产业尚处于发展初期，其风险管理能力弱、合作组织缺位、产品技术融合度不高等问题突出。只靠企业和农户并不能解决现有问题，所以亟须依靠更加系统有效的社会福利制度的保障，但目前社会福利制度对文化产业的支持度有限。

五、对策措施

（一）坚持市场化原则，加强政府部门的引导与支持

产业扶贫具有市场性，要从市场经济的角度来选择确定扶贫产业的类型、发展的规模和质量要求。政府对扶贫产业发展要避免大包大揽，应充分调动市场主体和贫困户的积极性、创造性，要尊重市场规律，把握好扶持的边界。但是，在贫困的民族地区进行特色产业扶贫在很大程度上又离不开当地政府部门的引导与支持。首先，政府要承担起宣传科教的工作。通过深入农村及牧区开展宣传以及开展特色产业相关技术的普及推广活动，有利于农牧民群体正确认识开展特色产业项目对增加经济收益的作用，优化或改变传统产业发展观念。其次，政府需要提供一定的政策导向和支持，只有这样才能在特色产业发展初期引入更多的资金和人才组织开展相关工作。最后，政府部门要加强对特色产业发展项目的保障，确保相关项目能够顺利开展。

（二）加大科技投入与支持，建设现代化产业体系

科技是第一生产力，加快科技成果与贫困地区特色产业相结合，是产业持续发展的源头。科学制定加工方法及标准，深挖产业现代化功能性。科学的加工方法和标准能够让特色产业产品的产出和质量得到提升。全省各地政府要促进当地现存加工企业，特别是现存的一些小加工作坊的转型升级。制定统一的生产加工方法以及产品质量标准，提升精加工的比重，提升特色产品附加值。积极引进新技术，招商引资，促进加工规模化。同时通过政府参与新建加工产业区，推动政企联动，提高经济效益。

（三）拓展营销渠道，培育特色品牌，扩大市场需求

进一步提高特色优势产业产品在青海省内及全国的市场占有份额，完善产品批发市场体系，加强产地预冷基础设备建设，依托省内龙头企业打造全产业供应链主体，指导企业开展分拣、包装、加工业务，提升特色产品品质，高效衔接生产与消费，有效降低产品流通环节损耗率。强化扶贫协作，全面推进消费扶贫，积极拓展全国市场，开发高端消费市场和“一带一路”沿线国家市场，扩大产品销路。

此外，加强贫困地区基础设施建设，创造良好的运输条件，进一步扫清特色产业链上各环节的障碍。同时以班玛县藏雪茶为例，发展物流仓储，完善配套措施。班玛县与外界只通公路、没有铁路与民航的现状短时间内很难改变，但物流问题可以从仓储着手解决。班玛县藏雪茶售价较高的一个重要原因就是物流成本较高，未来随着藏雪茶业务的进一步发展，可以鼓励顺丰等快递公司在班玛县设置营业点，使线上发货更为便捷，也可以考虑在省会西宁市建立一个规模较大的仓储物流中心，不断完善与之相关的配套措施，线下经销商提货、线上网店发货，都可以通过这个仓储物流中心进行，这样就会大幅降低物流成本，缩短物流时间，在全国范围内实现“三日达”，从而降低产品售价，以此来吸引更多消费者。

（四）推动特色产业规模化标准化生产

在规模化方面，一是要着力扩大特色产业贫困户覆盖面。争取产业发展扶持资金，持续加大政府投入力度，对贫困地区有意愿参加、具备发展条件的建档立卡贫困户予以扶贫，大力给予资金技术支持，引导农牧户开展标准化种养殖、规模化经营。二是要着力扩大特色产业区域覆盖面。严格按照特色产业总体布局，紧紧围绕省内主导产业，进一步调整优化产业结构，打造集中连片种养的规模化生产基地。以黄南热贡文化为例，着力打造国家级唐卡集散中心。热贡艺术是热贡文化中最具特色、影响最广、发展最好的产业，其中唐卡、堆绣和泥塑是热贡艺术的典型代表，其产业的发展要紧紧抓住三个方面：一是不断创新产业经营发展空间。加大引导协调力度，积极向社会融资，扶持文化艺术产业。改变现有的小农经营模式，走“公司＋农户”的经营模式。实现热贡艺术品生产的市场化、规模化和产业化。二是紧紧抓住国家宏观文化产业政策倾向，实现热贡艺术品生产的提速升位。三是努力拓展热贡艺术品销售网络。通过整合生产流程、热贡艺术品分等定级、建立经纪人队伍、扩大销售覆盖面等办法，进一步拓宽热贡艺术品制作及销售领域。

在标准化方面，一是要切实加强现代产业技术培训。建立健全新型职业农牧民扶持制度，选派专业技术人员，进村入户、深入田间地头开展产业技术培训服务，通过现场教学对贫困户手把手指导，使贫困群众熟练掌握种植、养殖技术，促进贫困群众由传统农牧民向现代农牧民的转型，农业生产方式由粗放的传统种养方式向设施精细化种养转变，确保种出好产品、产出好牌子。二是要着力提高产品质量效益。大力实施品牌带动战略，鼓励扶持龙头企业、成立农牧民专业合作社，加大对已有品牌的保护和宣传力度，提高市场知名度，努力打造一批品质优良、特色鲜明的地方“名优特”品牌。

（五）发挥龙头企业对小农、牧户的引领作用

一是地方政府部门要出台一系列行之有效的办法规定，给予政策资金

支持，引导全省特色产业做大做强，引导龙头企业根据各贫困地区自身特点，因地制宜，避免重复规划，降低生产成本和提高经济效益。二是鼓励龙头企业发挥好对小农牧户的引领作用，用有限的资金、人力和物力，通过组织化、结构化的措施精准带动贫困农牧民脱贫增收。三是加大对特色产业及产品的创新研发投入，使全省贫困地区特色产业及产品提档升质，并加强品牌化发展，在市场获得优质优价的好口碑，也能有效增加农牧民收入。

（六）进一步加强对外的推介和宣传工作

利用西宁对口帮扶单位优势，通过在西宁重要交通路段、大型广场醒目位置设立广告牌，广泛发动干部群众力量宣传等方式，让更多的人群知道省内扶贫特色产业。此外，各级部门要走出去参加省内外文化博览会、旅游博览会、学术研讨会等活动，把握产业发展的信息和脉动，加大对外交流合作的力度。例如将藏雪茶作为全县各部门各单位办公用茶，并与省州相关部门沟通协调，将藏雪茶纳入省州重大会议、国宾馆接待用茶；大力宣传推销藏雪茶。争取国家和省州及西宁市媒体力量，积极构建“电视+网络+报刊+微信平台”大宣传格局，进一步提高藏雪茶的影响力和知名度，利用电视栏目进行宣传推广，积极组织参加青洽会和杭州、上海等地的茶博会，通过宣传、推介、展销，不断打响藏雪茶品牌，努力把藏雪茶推出青海、推向全国。再比如，条件允许下，要尝试吸引国家和外省区市的影视单位来黄南拍摄专题片、编辑创作宣传热贡文化的文学作品和影视作品，通过电视、广播、电影、报刊、杂志、互联网等媒体，不断扩大热贡文化的影响力和知名度等等。

（七）引进“互联网+”模式，做优特色产品电商扶贫模式

鼓励市场参与，社会联动。促进“互联网+特色产业产品”的跨界融合，进行线上技术与线下特色扶贫产业的结合，通过投入“物联网”“大数据”等新兴技术，在促进特色产业现代化的同时，减少特色产品到消费

者的距离阻碍。搭建适宜农牧户交易发展的平台，让贫困农户的劳动成果真正转化为资金收入，为脱贫奠定坚实基础。此外，创新运用“互联网+党建”，抓好基层党建和农村电商服务工作，健全覆盖县、乡（镇）、村的农村电商、物流配送网络体系，打通农产品上行渠道。通过合作社、农业企业等把农牧户的特色产品有效组织起来，依托电商平台，形成以农特产品为主的互联网直销和“以销定产”模式，有效带动农户增收。

结语

通过特色产业的发展带动贫困落后地区经济水平的提高，也是我国发展乡村经济的重要举措。乡村地区的特色产业发展，是一个漫长且艰巨的任务，需要多方力量共同努力。探索适合该地产业发展的新型道路，就要按照政策的指示，对发展区域进行详细的考察，分析当地产业发展的综合环境，依据实际需求及现状，并结合产业发展特点，寻找正确的道路，激发产业的潜能，找到发展特色产业的正确路径，才能够激发贫困群众内生动力，从脱贫走向致富。

参考文献

[1] 刘伯涛. 深度贫困地区特色产业扶贫研究［D］. 山西大学，2020.
[2] 张程. 以特色产业推进农村扶贫［J］. 人民论坛，2018，(33)：86-87.
[3] 李淑敏，赵国斌. 关于山西省特色产业扶贫模式成效的思考［J］. 农业技术与装备，2021，(01)：73-74+76.
[4] 王碧宁. 燕山贫困集中区特色产业扶贫模式实证分析——以河北省平泉县为例［J］. 经济论坛，2016，(04)：56-60.
[5] 黄子洋. 湖南省宁乡市沩山乡特色产业扶贫的问题与对策研究［D］. 湖南师范大学，2020.
[6] 骆桂花，切羊卓玛，陈卫东. 藏区文化产业的减贫效能研究——以热贡艺术相关产业为例［J］. 西北民族研究，2019，(04)：80-89.
[7] 申红兴. 青海藏区产业减贫的主体及路径分析［J］. 青海社会科学，2015，(05)：172-178.
[8] 高俊发. 扶贫开发视域下青海班玛县藏雪茶产业发展研究［J］. 福建茶叶，2020，

42（09）：53-54.

［9］段生平，赵晓英. 古浪县特色产业助力精准扶贫模式实证探析［J］. 农业技术与装备，2021，（01）：39-40.

［10］高松，杜发春. 民族地区深度贫困的多维成因及治理对策——基于对德钦县羊拉乡的调查［J］. 中国藏学，2018，（04）：91-97.

［11］张天琪，胡军珠，王金花. 特色产业助力精准扶贫模式实证研究——以北京平谷海鲸花蜂产业为例［J］. 中国市场，2017，（02）：38-40.

第六章　特色产业扶贫（二）

引言

党中央、国务院高度重视扶贫开发工作。党的十八大以来，以习近平同志为核心的党中央把扶贫开发摆到治国理政的重要位置，提升到事关全面建成小康社会、实现第一个百年奋斗目标的新高度，把扶贫开发工作纳入“五位一体”总体布局和“四个全面”战略布局进行决策部署，加大扶贫投入，创新扶贫方式，出台一系列重大政策措施，扶贫开发取得巨大成就。确立“两个确保＂目标、“两不愁三保障”标准、“六个精准”及“五个一批”基本方略等一系列新思想、新观点、新论断，并逐步形成具有中国特色的扶贫开发模式，其中“发展生产脱贫一批”，开展产业扶贫是实现精准扶贫、精准脱贫的重要内容。2011 年，中共中央、国务院印发的《中国农村扶贫开发纲要（2011–2020 年）》提出，“培植壮大特色支柱产业”“通过扶贫龙头企业、农民专业合作社和互助资金组织，带动和帮助贫困户发展生产”“带动贫困户增收”。2014 年，中共中央办公厅、国务院办公厅印发的《关于创新机制扎实推进农村扶贫开发工作的意见》，将特色产业增收工作列为十项重点工作之一。2016 年 5 月，农业农村部等九部门联合印发《贫困地区发展特色产业促进精准脱贫指导意见》，明确从科学确定特色产业、促进产业融合发展、发挥新型经营主体带动作用、完善利益联结机制、增强产业支撑保障能力、加大产业扶贫投入力度、创新金融扶持机制、加大保险支持力度等 8 个方面推进产业扶贫。2016 年 11 月，国务院印发的《“十三五”脱贫攻坚规划》提出，“建立健全产业到户到人的精准扶贫机制，每个贫困县建成一批脱贫带动能力强的特色产业，每个贫困乡、村形成特色拳头产品”。近年来，青海省委、省政府在党中央、国务院的坚强领导下，十分重视产业扶贫工作，相继出台了《贯彻落实中办、国办〈关于创新机制扎实推进农村扶贫开发工作的意见〉的实施方案》《青海省农村牧区扶贫开发条例》《青海省人民政府办公厅关于促进“飞地经济”发展的指导意见》等一系列脱贫攻坚政策和措施，开展了许多卓有成效的实践探索，产业扶贫助力脱贫攻坚取得了显著成效。

一、特色产业扶贫基本情况（个案观察）

产业扶贫是帮助贫困地区和贫困户利用当地资源发展优势产业，从根本上摆脱贫困的一项长期性的社会工作。它是以资源为前提，市场为导向，效益为中心，企业为龙头，合作组织为支撑，政府政策为保障，通过培育和发展主导产业，从而为贫困地区经济发展和贫困人口增收创造条件，实现脱贫致富的“造血型”扶贫方式。“十三五”期间青海省通过精准扶贫，全省 42 个贫困县、1622 个贫困村全部脱贫退出，实际减贫 53.9 万人。脱贫攻坚时期，涌现了一批产业扶贫可复制、推广的典型案例，通过个案观察，总结扶贫经验，供其他地方学习和借鉴。

（一）曲麻莱县巴干乡通吉村矿泉水产业①

通吉村位于玉树州曲麻莱县境东部 100 公里处，平均海拔 4000 多米，位置偏远，气候恶劣。多年来牧民收入单一，全年绝大部分收入来源为采挖虫草，但无草山人口居多，人山矛盾突出，加之牧民群众缺乏打工就业意识、技能单一，2018 年前仍然是全乡收入最少的村。脱贫攻坚工作开展以来，巴干乡始终围绕“让老百姓脱贫是第一步、致富才是我们的根本目的”的发展主题，以党建引领推动村集体经济为主线，多次召开村民大会，首先从转变牧民群众思想认识上下功夫。2019 年，通吉村“两委”和全村牧民最终商定：依托嘎觉悟的优质水资源建立水厂，即开办通吉村第一个村集体经济——通吉村嘎觉悟秘境纯净水有限公司。

公司建立之初，缺资金、少技术，后来以联点帮扶单位共建为契机，

① 2020 年 9 月精准扶贫调研整理资料

最后落实了北京援建项目资金 55 万元的资金支持；同时，又借助村集体经济破零项目的 40 万资金和县武装部帮扶的 25 万资金，共筹集到 120 万元建设资金。有了资金后，通吉村在嘎觉悟雪山脚下选址，从 2019 年 6 月开始，大家团结一心，克服高海拔地区材料紧缺和环境恶劣的窘境，一步步将厂子建了起来。

为了打破人才、技术缺乏的瓶颈，乡党委、政府再次向各方寻求帮助，在首届全省“智汇三江源助力新青海”青海人才项目洽谈会上与北京禹冰水利勘测有限公司签订技术扶持合作项目。

2020 年 8 月，通吉村第一个村集体经济——通吉村嘎觉悟秘境纯净水有限公司开始试运营。书记巴巴说：“试运营阶段，市场还未打开，每天也只是生产千余桶水，但是根据目前市场需求来讲，预计未来年利润可达 5–10 万元左右。”调研中，通吉村书记巴巴一边检查生产好的桶装水一边说：“现在的水厂正在试运营阶段，我要认真检查每一个环节，把隐患问题解决好。”水厂的稳定运行，最终打破了通吉村多户无草山群众收入渠道单一的困境，村集体经济破零工程的目标也得以实现，同时，还可以安排村里的建档立卡贫困户进厂务工，保证他们有一份稳定的收入。

（二）循化撒拉族自治县尕楞乡牙尕村“保险扶贫”①

2019 年 10 月 4 日上午，循化撒拉族自治县尕楞乡牙尕村村民拉龙加家发生火灾，由于火灾面积较大，房屋以及生活物资全部被烧毁，拉龙加全家只能住在临时搭建的帐篷中。接到保险报案后，中国大地保险（系中国再保险（集团）股份有限公司旗下子公司）青海分公司立即开通理赔快速服务通道，迅速组织理赔人员核实案发情况，收集理赔相关材料，在资料齐全后的当天，将 71000 元防返贫保险赔款送到受灾户手中。当拉龙加将这笔防返贫保险赔款拿到手时，激动的泪水抑制不住地流了下来。在房屋新建时，拉龙加送来了一面写有“为民排忧，心系百姓”的锦旗，表达

① 中国再保险（集团）股份有限公司对口帮扶循化撒拉族自治县工作纪实（来源：青海日报 2020–08–25）

他们全家的感激之情……这是中再集团自2002年对口帮扶循化撒拉族自治县以来，积极承担国有企业政治责任和社会责任，全力投身脱贫攻坚的一个缩影。

循化县地处青海东部黄河谷地，平均海拔2300米，是全国唯一的撒拉族自治县和中国撒拉族的发祥地，也是国务院确定的首批扶贫开发工作重点县和重点扶持发展的人口较少民族地区之一，总人口16.16万人，少数民族人口占93.5%，其中撒拉族占62.7%。对口帮扶18年来，中再集团坚决扛起国有企业助力脱贫攻坚的政治责任，积极践行精准扶贫、精准脱贫基本方略，发挥保险再保险主业优势，凝聚集团全系统力量，探索出一条以“保险扶贫”为核心的中再特色精准扶贫之路。

2002年以来，中再集团累计支援循化县扶贫款1.36亿余元，特别是2017年以来支援1.19亿余元，占历年累计总额的87.75%，2020年已直接投入3800万元，达到历史新高。

因地制宜，精准对接脱贫需求。经实地调查发现，循化县贫困人口有三个主要特点：一是留守老人和儿童比例非常高，受当地特殊的中高海拔、恶劣气候特征影响，老人身体普遍亚健康，慢性疾病发生率高；二是女性是家庭留守人员中的重要劳动力，但由于多育且疾病预防意识淡薄，因疾病对家庭造成重大影响的现象比较普遍；三是外出务工人员是家庭主要收入支柱，一旦发生意外将导致家庭陷入更深的贫困。上述三个特点，是循化县脱贫道路上的隐性“拦路虎”，是当地长期处于贫困困境并且难以持续脱贫的主要原因之一。

中投公司、中再集团经过审慎考虑，并充分结合青海省、循化县各级政府脱贫攻坚工作实际，针对建档立卡贫困户买药难、看病难、住院难、长期保障难的现实情况，于2017年3月开创性地提出了以“保险扶贫”为核心，“产业扶贫、电商扶贫、增收扶贫、危房改造、教育扶贫、软性建设”为配套的“1+N”精准扶贫模式。其中作为核心的保险扶贫依托中再集团保险主业优势，深度契合循化当地实际，开创了具有中再特色的保险扶贫之路，循化县脱贫摘帽进程自此开启了加速模式。在首批承保方案中，涵盖了住院医疗险、门急诊医疗险、意外伤害与意外医疗险、女性疾病险、疾病身故险等，结合贫困户实际需求，对保险险种和条款进行合理修订及组合，形成一揽子方案。据统计，2017 至 2019 年，中再集团捐赠保费 2280 万元，赔付近 1774 万元，赔付率约 77.8%，未赔付金额自动滚存入下一年保费。

2018 年，中再集团在原有 6 款人身险产品基础上，拓展至对生产资料的承保。增加了以“白灾卫星遥感技术”为特征的白灾保险（藏系羊、牦牛雪灾遥感指数保险）。第一个业务年度共计承保藏系羊 8.5 万只，牦牛 2 万头，为 650 户贫困牧民提供了 6574 万元的保险保障。2018 年共赔付 904 万余元，赔付率 77.54%，极大地保护了当地群众的利益和生产生活能力。

（三）互助土族自治县五峰镇纳家村“绿色纳家”品牌

互助土族自治县五峰镇纳家村是个典型贫困村，全村 527 户 2187 人，人均耕地只有 0.17 公顷，村内无任何企业、厂矿等，村集体经济为零。扶贫驻村工作队经过大量的市场调研、特色资源摸底走访和征求群众的意见后，研究制定了以特色资源为依托，发展特色产业为突破口，打造“绿色纳家”品牌，助推纳家村产业脱贫的一揽子措施办法。2018 年，村委会注册了五峰“绿色纳家”商标。这对合法持有“绿色纳家”品牌及未来长远发展起到了至关重要的作用，也成为村民的一项无形资产。在扶贫产业的带动下，2018 年底，纳家村整体脱贫，全村人均收入达 11960 元。2019 年，纳家村民委员会作为唯一股东，组建互助县绿丰生态农业开发有限公司，抓住资源特色成立专业合作社，结合“公司 + 合作社 + 致富带头人 + 全体村民”的发展模式，将公司和农户充分结合起来，完成村集体经济从“输血”到“造血”的转变。“绿色纳家 + 合作社 + 农户 + 产业”扶贫模式，从技术、加工、营销、品牌等方面持续发力，围绕本地特色产业，整合资源，进一步优化市场整体布局，促进产业多元化。经过几年的发展，“绿色纳家”成为青海响当当的扶贫产业品牌，帮助村民走上了发家致富的新路子。

（四）湟中区拦隆口镇卡阳村旅游产业

卡阳村地处拦隆口镇西南部高山林区，这里原始森林与花海相映成趣。卡阳村的耕地，过去基本都是坡耕地，全部为旱地，土地产量低，抗风险能力差。每年夏季，地里的土壤肥料被雨水冲走。主导产业为小麦种植，种地效益低。2014 年该村人均年收入仅 4500 元。

2017 年，在实施水土保持综合治理一系列治理工程基础上，湟中区水保站在卡阳村实施坡耕地综合治理工程。截至目前，共完成坡改梯 489.33 公顷，水土保持林 148.76 公顷，路旁植树 4.8 公顷，幼林抚育 148.76 公顷，封禁治理 2157.1 公顷，累计治理程度达 95.02%，对卡阳村脱贫起到了决定性作用。

坡改梯项目实施后，卡阳村利用新修的梯田发展农业生态观光旅游，成效尤为突出。卡阳村以梯田为载体，“千亩优质油菜基地”“优质中藏药基地”和“生态花卉基地”已初具规模，形成了“青山如黛、花海飘香”的高原特色乡村旅游景观。

卡阳村今昔巨变是湟中区打赢脱贫攻坚战的一个缩影。有着 46 万人口的湟中区是青海省农业大县、人口大县，这里地形复杂，干旱少雨，生态环境脆弱，资源承载力低，产业结构单一。过去，湟中区农业靠天吃饭，工业先天不足，服务业低端落后，财政实力底子薄，基础设施欠账多，贫困面广、量大、程度深。全县 380 个行政村中有 156 个贫困村，村村都有贫困户，每 12 个农村人口中就有 1 个贫困人口，贫困发生率达 13.7%，因病因残致贫占比高达 41.8%。

产业是脱贫的根基，也是发展的动力。2016 年以来，湟中区所有产业扶持项目户实现产业项目全覆盖，先后拨付产业资金 1.29 亿元，涉及贫困户 6780 户，共 23822 人。其中，湟中区投资 4535 万元建成中藏药材扶贫产业示范园，引进入驻合作社（企业）17 家，示范引领群众种植中藏药材 3.43 万亩，辐射带动贫困户 550 户。

脱贫攻坚号角吹响以来，湟中区 28565 人摆脱贫困，156 个贫困村全部退出，贫困发生率由2016年初的13.7%降到2018年底的0.23%。2019年，湟中区正式退出贫困县序列并实现绝对贫困“清零”目标，解决了区域性整体贫困问题，被国务院评为全国脱贫攻坚“组织创新奖”[①]。

（五）曲麻莱县央企生态扶贫

位于青海省西南部、玉树州北部的曲麻莱县，地处三江源核心保护区，是中国南北两大水系的主要水源涵养地。这里平均海拔4500米，属于世界级高海拔地区，是全国海拔最高、条件最艰苦、经济最落后的县份之一。由于气候恶劣，曲麻莱县牧草生长期短，长势缓慢，又因过度放牧，鼠虫害、人为破坏造成草原退化严重，生态环境脆弱。农牧民受教育程度普遍较低，缺乏劳动技能，生产方式单一，自身发展能力较弱。

“绿水青山就是金山银山”这一重要理念，为曲麻莱县脱贫指明了发展的方向。在曲麻莱县生态扶贫中，国家能源集团邀请中科院西北高原生物研究所启动“国家能源集团曲麻莱县禁牧还草综合治理项目”。换脑筋转观念是为了保生态谋发展。如何走将生态保护与精准扶贫相结合的生态扶贫之路，经过深入调研，国家能源集团先期投入350万元在曲麻莱县设立了国家能源集团生态扶贫基金，在“黄河源头第一乡”——麻多乡开展生态扶贫，“黄河源头保护工程”启动。“黄河源头保护工程”的核心是退牧还草，在退牧户中选聘生态管护员，参加生态保护工作。第一批共有162名贫困牧民建档立卡，当上生态管护员，每月领取1800元工资，年收入可达2.16万元。牧民变“牧工”，此举改变了直接发放扶贫补贴的种种弊端，调动了贫困群众参与到社会劳动和生态管护中的积极性，既提高了农牧民的生态保护意识，让赖以生存的草场得到休养生息，又通过辛勤劳动获得了报酬，实现了生态保护和扶贫绩效双丰收。

数据显示，2018年至2020年，国家能源集团共计投入生态扶贫资金5000万元。2019年11月5日，曲麻莱县麻多乡33户牧民的2665头（只）

---

① 湟中区扶贫开发局提供整理数据

牛羊迁出黄河源头核心区，域内 15 万亩草场实现历史上首次禁牧。此外，国家能源集团还按照国家标准，出资对迁出牧民发放禁牧补贴；成立合作社，在宜牧区流转 10 万亩草场，配套建设暖棚、机井等基础设施，用于迁出牛羊的集中养殖，并在退牧户中选聘牧工，带工资参加养殖。国家能源集团还出资建设农牧民就业创业服务中心，通过技能培训、转移就业、电商扶贫、易地搬迁，产业扶贫等措施，保障退牧群众获得稳定的收入。国家能源集团还派驻当地的扶贫干部在禁牧区内划出专门研究区域，自费试种草籽、树苗，尝试找出更多样、更长久的高原草场保护方法。15 万亩草场禁牧仅仅是黄河源头治理项目的开始，目前国家能源集团黄河源保护“二期工程”正有序推进，第二批 33 户牧民的 2625 头（只）牛羊正在迁出黄河源区域。牧民对禁牧工作的态度更加积极，搬迁的主动性与上一年相比明显提高，预计国庆节前，黄河源保护二期工程牛羊迁出工作全部完成，届时又有 17 万亩草场得到休养生息。

在产业扶贫上，国家能源集团发挥自身优势，利用当地丰富的风、光资源，谋划分布式屋顶光伏试点和集中式光伏项目规划，并计划将干热岩、储能、氢能等新型能源产业开发作为主要目标和方向。特别是在曲麻莱县，在 2018 年、2019 年已出资 600 万元的基础上，再出资 400 万元继续投资曲麻莱县牧民创业就业培训中心，全年培训学员 200 人次；同时，充分利用当地丰富的光照资源，启动蔬菜大棚项目建设，老百姓日子越过越红火。

（六）共和县“飞地经济”

位于青海省海南藏族自治州共和县塔拉滩的光伏产业园区，600 多平方公里的土地宛若披上一层蓝色铠甲，一排排太阳能电池板在阳光下熠熠生辉。这里是我国最大的光伏发电基地。“过去，塔拉滩光秃秃一片，风沙也大。光伏电站建起来后，草慢慢长起来了。”共和县铁盖乡牧民向占奎说。

荒漠里种“太阳”，贫困群众喜添“阳光收入”。廿地乡切扎村距共和县城约 3 公里，生态管护员仁青加每月有 1800 元公益性岗位工资。他说“都是发电发来的钱！”，切扎村的村级光伏扶贫电站就建在光伏产业园，2018年底并网发电后，已累计收入28.6万元，其中80%用于设置公益性岗位，剩下的用来发展村集体经济。

目前，青海全省光伏扶贫规模已达到721.6兆瓦，清洁能源以“绿”生“金”，实现了1627个贫困村村均290千瓦全覆盖，村均年度收益达到30万元左右，收益期长达20年。

海南藏族自治州共和县光伏产业扶贫得益于“飞地经济”模式，实现精准扶贫。海南州“十三五”第一批村级光伏扶贫项目采取“飞地”模式在海南州光伏园区集中建设，共建设海南州5县11个村级光伏扶贫电站。总装机容量50.5兆瓦，项目总投资3.43亿元，占地面积1515亩，扶持带动全州173个建档立卡贫困村的7269户建档立卡贫困户。

村级光伏扶贫电站净收益的60%用于贫困村村集体经济发展，40%用于设置公益性岗位，扶持贫困人口就地就业，实现劳动取酬。2020年，为积极应对新冠肺炎疫情影响，光伏扶贫发电收益的80%用于贫困户增收，20%用于发展村集体经济。截至2020年7月底，海南州村级光伏电站累计发电1.33亿度，总收益9867.59万元，全州173个贫困村平均每村收益57.03万元（2019年总收益达6210万元，全州173个贫困村平均每村收益36万元）。

光伏电站的建成，最大风速减小22%，蒸发量减少30%，空气湿度增大近5%，草地含水量大增，土地沙漠化得到有效遏制，草场生态得到有效保护，园区企业积极帮助当地群众养起了“光伏羊”。

村级光伏扶贫电站的建成，进一步发展壮大了贫困村扶贫产业，实现全州173个贫困村集体经济“破零”，推进了贫困群众的持续增收，对于决战决胜脱贫攻坚具有里程碑式意义。

村级光伏扶贫电站平均年发电量8000万度，按照上网电价和国家补贴0.75元/kwh计算，年收益达到6000万元，扶持带动全州173个贫困村平均年净收益达到30万元左右，连续收益20年。

（七）德令哈市怀头他拉镇西滩村产业扶持[①]

初冬的清晨，德令哈市怀头他拉镇西滩村的养殖区内，脱贫户雷发春的羊圈里大大小小的羊达到了100多只。雷发春介绍说，今年母羊已经产仔30只了，估计今年能产70只羊羔，只要全部能活下来，到明年的八九月份，就能有八万多块钱的收入了。今年55岁的雷发春在2016年被纳入建档立卡贫困户，早些年雷发春因病欠款较多，家庭情况甚是窘迫。驻该村扶贫工作队及该镇领导了解了雷发春家的情况后，为其提供了一份每月2800元的护林员工作，并向他宣讲产业扶贫政策，鼓励雷发春发展种养殖业。

2018年初，德令哈市扶贫局为其发放了6400元的扶贫产业资金，同年，帮扶他的扶贫干部还帮他联系了“530”无息扶贫贷款，雷发春又成功贷款5万元，买进50只母绵羊用于养殖。通过一年的努力，2019年，雷发春的羊群已经达到一百多只，可支配收入达5万元左右。这些羊明年出栏的时候又可以多增加十几万元的收入。雷发春家的变化只是西滩村坚持推进脱贫攻坚、民生为重、产业推进的一个缩影。

西滩村紧邻315国道的怀头他拉服务区，这里也是德令哈的西大门，借助丝绸之路大环线旅游的人气，西滩村积极发展旅游服务区地摊经济，投资三百余万元修建了100个具有民族风情的摊点房，当地的农村剩余劳动力农闲时分便在这里销售本地的枸杞、牛肉干等特产，通过国道经济与精准扶贫相结合，提高了全村及全镇收入水平。如今，经过几年的精心经营，服务区地摊经济已经初具规模，每户收入平均提高了五万元左右，打通了增收致富新的渠道。

近年来，西滩村因村制宜，大力发展村集体经济，该村村集体土地承包收益11.2万元，用于购买全村人的医疗保险、大学生奖励等。村集体经济鱼卡服务区由蒙都旅游公司经营，2017年分红20万元，2018年分红20万元，2019年分红13万元。扶贫产业园分红5万元。怀头他拉服务区旅

---

① 2020年9月精准扶贫调研整理资料

游扶贫项目，收入 4 至 7.3 万元。2020 年省级扶贫资金 50 万元，采用集体股份经济合作社加牧户的方式购买绵羊 330 只，约定每年收益 100 只健康羊羔。西滩村扶贫工作取得显著成效，解决了村里长期存在的突出的民生问题，老百姓户户有保障，家家有住房，人人有收入，不再为一些基本的生活困难问题而发愁，精准扶贫、精准脱贫取得实实在在成效。

二、主要经验做法

青海省立足省情，把特色产业发展作为群众增收、稳定脱贫的核心任务，2015 年以来，形成了一些较好的扶贫实践做法和可推广运用的扶贫模式。

（一）坚持党建引领，助推扶贫工作创新

以国家住建部定点帮扶湟中区为例。住建部在定点扶贫湟中过程中，激活村民主体责任，改变等、靠、要思想，积极推行“1+4+N”的党建引领模式。

“1”指 1 套“美好环境与幸福生活共同缔造”理念及工作机制，激发老百姓内生动力，发动群众主动参与乡村建设、治理和产业发展。为更好落实“美好环境与幸福生活共同缔造”试点工作，湟中区成立了以区委书记为组长的美好环境与幸福生活共同缔造示范村建设领导小组，打造“纵向到底、横向到边”的治理机制。2017 年底，上新庄镇黑城村被确定为第一个“美好环境与幸福生活共同缔造”试点村，工作开展两年多以来，黑城村基础设施基本完善，人居环境明显提升，产业发展初见成效。2020 年 1 月 21 日，国务院总理李克强到黑城村走访慰问当地群众，对黑城村的发展给予了充分肯定。

“4”指 4 个党支部结对帮扶。为进一步加强基层党建工作，2019 年，住建部湟中帮扶组 4 个党支部分别与湟中区共同缔造试点村中的黑城村、阳坡村、页沟村和葱湾村 4 个党支部结成对子，根据自身业务特点和帮扶

村具体需求，开展了各具特色的党建帮扶活动，项目村在村庄治理、移风易俗、产业发展等方面都走在了全区的前列。

“N”指打造 N 个共同缔造试点村。在总结黑城村共同缔造经验基础上，目前，湟中区共同缔造试点村已经增加至 24 个。随着共同缔造试点工作的推动，这些村从三个方面发生明显转变：一是村民在推进乡村发展过程中，由观众和配角变成了实际参与者和主角；二是帮扶团队由推进乡村发展的主要谋划者变成了参谋；三是区镇部门由指导员变成了服务员。村民自发参加家园建设，投工投劳，内生动力彻底激活，很好实现了脱贫攻坚与乡村振兴的有效衔接，共同缔造的理念已在湟中大地落地生根、开花结果。

（二）发挥“绿色纳家”产业扶贫品牌效应

互助县纳家村在“绿色纳家 + 合作社 + 农户 + 产业”的产业扶贫模式的品牌效应带动下，产业稳步发展，群众稳定增收。近年来，青海省各地产业就业扶贫成果不断巩固，涌现出许多像“绿色纳家”这样的产业扶贫品牌。从党委政府到民间，立足资源禀赋，在条件允许的情况下促进产业多元化，创好绿色农特产品品牌，提升产品核心竞争力，并在技术、加工、营销、品牌等方面持续发力，做大做优特色品牌，让各项扶贫产业服水土、稳得住，让扶贫品牌唱得响、传得远，才能让群众在发展产业中脱贫致富，在产业做大做强中稳定脱贫、长富久富，让“绿色品牌”真正变成群众脱贫致富的“金钥匙”，成为在精准扶贫实践中探索出的一条新路子。

（三）“1+N”精准扶贫模式，以循化县为例

在以“保险扶贫”为核心，“产业扶贫、电商扶贫、增收扶贫、危房改造、教育扶贫、软性建设”为配套的“1+N”精准扶贫模式下，进一步完善“防返贫”的保险方案有四大优势：一是充分发挥保险保障兜底作用，有利于巩固脱贫成果；二是覆盖范围广，涉及循化县四类有返贫风险

人员约 6 万余人；三是保障内容全，覆盖灾害、意外、大病、住院等多重风险；四是可推广、可复制，能够在条款不做较大改动的情况下，根据不同地区、不同人群的特点，精准定制保险服务，为贫困人口及存在返贫风险的人群提供有力的保险服务。实施一年来，“防返贫”保险在循化县赔付 697 万余元，扶贫质效得到循化县政府和群众的高度认可。

循化县成功实践的“防返贫”保险方案，在全国产生了积极影响。截至今年 7 月底，已在甘肃、贵州、江西、湖南等 15 个省的 32 个市县推广落地，为约 70 万群众提供“防返贫”风险保障。防返贫保险这一巩固深化脱贫成果的“中再方案”，有力推动了稳定脱贫、防止返贫长效机制的建立，最大程度保护了脱贫攻坚成果，减轻了政府防返贫的压力。

（四）“乡趣卡阳”生态扶贫样板模式

卡阳村坚持“生态 + 产业 + 创新”发展理念，深挖区域资源优势，因地制宜打造精品乡村旅游基地，成为产业脱贫示范区。一是抓住生态保护瓶颈，大力实施坡改梯项目。项目完成，水土保持上改变了水系，增加了植被，促进了生态环境良性循环，为经济发展创造了良好的外部环境，形成了成片的林地、整齐划一的梯田、四通八达的田间道路的新景观，卡阳村利用新修的梯田发展农业生态观光旅游，成效尤为突出，为农业生态观光旅游和生态文明建设奠定了基础。二是卡阳村以梯田为载体，打造特色种植基地。卡阳村周边地区的水热状况得到改善，地区涵养水源得到明显增加，地表径流的冲刷逐年减少，土壤侵蚀程度也逐年减轻，生态有了良性循环。水土保持在改善生态的同时，也促进了当地农业生产条件的改善。

集花海、徒步场、水上漂移、农家乐于一体的“乡趣卡阳”旅游景区，不仅成功创建“中国乡村旅游扶贫示范基地”和国家 4A 级旅游景区，还成为打造“乡村生态振兴”的示范样板，生态、经济和社会三大效益实现多赢格局。

（五）“飞地经济”模式推进区域协调发展

对青海省而言，打破优势资源难以向经济优势转化的僵局，以共建工业区、企业入驻等形式，大力发展“飞地经济”，以现有优势资源及产业为基础，发展特色工业、特色农牧业、特色高新技术产业，形成新的经济增长点，有效补齐区域经济发展短板，努力探索一条集约发展、资源互补的发展道路，具有重要的现实意义和长远影响。目前，区域“飞地经济”发展主要有以下几种：一是和经济发达地区合作共建工业合作园区，全面促进区域经济协调发展。政府层面要全力支持。组织优势项目向经济相对落后地区迁移，承接引进一批带动性强的重点项目，促进优势互补、合作共赢；制定更为完善的“飞地经济”模式具体政策，明确“飞地经济”发展利益分配机制，加强“飞入地”项目由“飞出地”统一管理力度。二是通过省外成熟的技术、品牌优势与优势资源有效衔接，在特色农产品等领域开展合作。依托对口援青等平台资源，稳步开拓省内外飞地，利用发达地区人才、技术和市场优势，推动青海产业稳步发展。三是由政府主导，龙头企业牵头，设立省外生产基地、建设园区等，形成以大带小、产业配套的格局。进一步发挥政府的引导和规范作用，优化招商引资政策，加强资源统筹管理，开拓省内外飞地、做大做强特色产业等，推动我省“飞地经济”蓬勃发展。

三、取得的成效

“十三五”以来，青海省以习近平新时代中国特色社会主义思想为指引，全面贯彻落实党中央国务院和省委省政府脱贫攻坚重大决策部署，克服困难、不畏艰险、全力拼搏打赢脱贫攻坚战，在实现建档立卡贫困人口全部脱贫基础上，开展“十九大后续巩固行动”，协同推进产业扶贫、消费扶贫、教育扶贫、健康扶贫、精神扶贫，强化低保兜底保障，绝对贫困和区域性贫困得到历史性解决，贫困地区面貌发生翻天覆地的变化。全省

42个贫困县、1622个贫困村全部脱贫退出，实际减贫53.9万人，贫困群众人均可支配收入达到10504元，年均增长36.8%，“两不愁三保障”全面实现，脱贫攻坚取得决定性胜利。

（一）特色产业扶贫成效显著

青海省把产业扶贫作为脱贫攻坚的主攻方向，将财政专项扶贫资金的60%用于产业扶贫，构建到县、到村、到户“三位一体”扶贫产业体系，大力发展牦牛、青稞、光伏、乡村旅游、民族手工艺等特色扶贫产业，实现48.2万有能力的贫困人口到户产业、1622个贫困村光伏扶贫电站、39个贫困县扶贫产业园全覆盖，近90%的贫困人口都有产业增收项目，产业收入年均增长23%。

（二）生态保护优先、产业协同发展的生态脱贫之路越走越宽敞

五年来，青海省累计安排项目资金222.1亿元，带动200万人次在家门口实现了劳务增收，完成大规模国土绿化2116.4万亩，黑土滩治理712万亩，草原有害生物防治14033万亩，林业有害生物防控1549.46万亩，人工种草58万亩，中度退化草原改良补播904万亩，沙化土地封禁保护873.6万亩。在全省符合条件的建档立卡贫困户中选聘4.99万人从事林草资源管护，五年累计发放劳务报酬39.6亿元，带动了近18万贫困人口实现脱贫，实现一人护林、全家脱贫。生态工程带动176万人次参与，人均增收4557元，其中建档立卡贫困人口9万人次，人均增收3365元。大力发展经济林、生态旅游、森林康养、中藏药材、草种繁育、种苗花卉和林下经济等绿色产业，林草产业年产值达到400亿元以上；林草龙头企业达到44家，与贫困人口建立利益联结机制，通过分红、劳务等方式，带动就业近30万人，带动农户近12万户、40万人，支付各类劳动报酬近15亿元，户均增收1.2万元，人均增收近4000至6000元左右。建成森林公园、湿地公园、森林康养等生态旅游基地90余处，旅游人数突破千万人次大关。

（三）产业扶贫推动、保险基金托底，贫困人口基本养老保险“应保尽保”

产业是巩固脱贫攻坚成果的重要基础。近5年的产业扶贫实践恰恰证明，集中优势资源，助力城乡产业发展，扶贫效果明显。农牧业产业化发展是青海省乡村发展的重要抓手，也是未来乡村振兴、扶贫产业可持续发展、农牧产业集约化和现代化的发展方向之一。2017年以来，在产业发展有效增加脱贫群众收入的基础上，青海省着眼建档立卡贫困人口参保扩面、60周岁以上贫困老人养老金待遇发放、代缴贫困人员养老保险费三个重点，制定基本养老保险应保尽保专项工作方案，定期从人社部社保扶贫信息平台下载建档立卡贫困人口数据，与省扶贫局、民政厅、全民参保库数据进行数据比对，对疑似未参保人员数据进行标识后下发各地，建立上下协同的数据核实报送机制，精准定位参保扩面动态增量人员，确保增量建档立卡贫困人口及时参保。目前，青海省人社扶贫信息平台54.23万名建档立卡贫困人口中，符合参保条件的36.46万人已全部纳入养老保险范围，2020年，为21.62万人代缴养老保险费2162万元，实现建档立卡户应保尽保。

（四）村集体经济“破零”模式效应凸现

以海东市为例，1587个村全部实现村集体经济“破零”目标，年收入5万元以上的村有862个，占54.3%。一是海东市深入挖掘自然资源，着眼农村经济新产业、新业态，动员引导广大群众发展优质农作物、中药材、畜禽养殖等特色种养业的同时，积极拓展农业产业链和价值链，将土乡风俗、民族风情、美丽风景变成看得见、摸得着的真实收入，129个村利用自然资源实现集体经济“破零”和群众增收致富“双丰收”。例如，互助土族自治县威远镇卓扎滩村整合各类涉农资金，投资3600多万元建成卓扎滩原生态旅游景区，年接待游客突破54万人次，乡村旅游综合收入达1000万元。二是立足市场需求，通过挖掘县城周边、国道两侧、景区附近等区位优势，从事劳务输出、交通物流、房屋出租等，140 个村实现集体经济“破零”。三是鼓励支持农村基层党组织带头人和党员致富带头人发挥先锋引领作用，积极参与村集体经济“破零”工作，通过“能人”带动村集体产业发展，切实让村党支部硬起“腰杆子”，让群众鼓起“钱袋子”，83 个村实现集体经济“破零”。四是海东市还充分利用脱贫攻坚、乡村振兴的有关配套政策，大力推动资源优势不明显、发展思路不明确的 1235 个村实现集体经济“破零”，如发展光伏产业、入股企业分红、村企联合发展。634 个贫困村 50 万元村集体经济发展引导资金由省扶贫局统一整合，实施海东市“十三五”村级光伏扶贫电站项目，收益期达 20 年，已全部实现稳定增收。

四、存在的问题

笔者在全省多地脱贫攻坚调研中发现，产业扶贫过程中，还存在一些亟待解决的难题，这些问题直接影响着青海脱贫成果的全面巩固拓展和乡村振兴全面推进战略的实施。突出表现在以下几个方面：

（一）产业发展长期规划思路不够明晰

规划先行、谋定而后动。产业扶贫应坚持市场导向，遵循市场和产业发展规律。但在实际工作中，由于巩固脱贫攻坚成果任务繁重、压力巨大，部分地方政府往往注重短时效应，对产业发展的引导缺位、指导程度不够；在产业选择上，未充分考虑产业长远发展的需要，只图眼前利益，不会运用全产业链理念去发展产业，导致产业发展质量不高，很多贫困县、乡、村盲目跟风，没有形成基本的产业发展规划和发展思路，面临诸多风险。例如，“花海乡村旅游模式”，有的村镇极力推广，但缺乏较好的规划，又没有进行深入调研，产业扶贫效果不明显，随着扶贫产业发展，这些问题逐渐暴露出来，风险频发。

（二）全产业链配套不完整、不健全，发展模式单一

急成式的发展产业容易造成资源浪费，仅关注短期产业发展而忽视产业的长期发展。有些地区在发展特色产业项目时喜欢简单的引进、复制其他地区已经取得成绩且发展成熟的涉农产业，仅发展单一产业模式，或是简单发展合作社种养植，而没有横向结合促进种养殖相关产业集群的发展，没有形成完整的产业链。农牧产品都以出售为主，涉及深加工较少，发展模式单一，经济效益一般。

（三）“龙头企业 + 合作社 + 农牧民”模式中，核心要素作用发挥不充分

一是部分贫困区域龙头企业发展规模太小，带动性不强。龙头企业作为新型经营主体在乡村产业发展中起“领头雁”作用，但是调研中笔者发现，农牧业龙头企业往往规模小、产品科技含量低，企业靠政府扶持生存，产品以初级加工为主，精深加工少，产品档次低，市场开拓能力不强。很多龙头企业靠政府扶持，政府一“断奶”，企业就减产、停产，难以发挥带动作用。二是农牧民专业合作社运行不规范。调研发现，农牧区存在一定量的“空壳社”“僵尸社”，很多合作社成立目的不纯，仅为争取国家支农、扶贫等各种优惠政策；很多合作社制度不健全、管理不规范、甚至没有专门的财务人员，合作社层次较低，抵御市场风险能力差，竞争力弱。

五、对策措施

近年来，省委省政府出台相关产业扶贫指导意见，坚持规划引领，注重范例推广、强化监督考核，推动各地产业扶贫取得了重大成就，产业扶贫已经成为覆盖面最广、带动人口最多、可持续性最强的扶贫举措。未来青海省要巩固现阶段扶贫成果，必须立足实际，推行切实有效的产业扶贫措施，推动区域经济和社会不断进步。

（一）因地制宜，精准择业，确保产业谋划“选得准”

青海省广大贫困地区尤其是深度贫困的山区，由于地形地貌所限，土地等生产资料高度分散，绝大多数贫困户依然采取小农分散经营的方式生产，要实现产业规模发展并不现实。另外，由于贫困群众的致贫原因千差万别，个体资源禀赋和脱贫能力也存在很大差异，搞大水漫灌、千篇一律的脱贫之策显然脱离实际。因此必须根据每个地区资源禀赋特点和贫困户的具体致贫原因，制定符合其个体差异的个性化、精细化脱贫之策。在“一村一品”的基础上推动实施“一户一策”，在产业发展方面进行精准滴灌，帮助贫困群众找对适合自己的有效脱贫路子。

（二）产业扶贫与“扶志、扶智”相结合，培养贫困户内生动力

习近平总书记指出：“要注重调动贫困群众的积极性、主动性、创造性，注重培育贫困群众发展生产和务工经商的基本技能，注重激发贫困地区和贫困群众脱贫致富的内在活力，注重提高贫困地区和贫困群众自我发展的能力。”各级党委和政府在具体工作中应注重产业扶贫与“扶志、扶智”相结合，加强引导和宣传。一是在产业发展过程中，要加大对贫困群众的理想信念教育和“耻感文化”教育。一方面让苦干实干致富的产业发展典型上广播电视、上手机、上报刊、上网站、上光荣榜，用身边的事教育身边的人，让大家学有榜样、行有示范，唱响“宁愿苦干、不愿苦熬”的主旋律；另一方面强化对内生动力不足的“穷人心态”的制度矫正，发扬“面对面”和“背靠背”批评与自我批评的教育方式，对好逸恶劳等负面现象进行分析批判和有策略地批评处罚，形成以“等靠要”为耻、以勤劳致富为荣的文化氛围。二是必须在切实激发贫困群众的内生动力上下功夫，要致力于培养本乡本土的产业带头人，实现真正意义上的能人带动；开阔致富能手的眼界，帮助他们切实掌握相关技术，打通市场销售渠道，形成现代经营理念，建立从生产源头到市场的完整产业发展体系。

（三）着力全产业链培育，保障产业扶贫可持续性和长效性

在乡村产业培育初创阶段应聚焦产业价值链和生态链的关键环节，重点培育特色优势产业，打造核心竞争力；在快速成长阶段要兼顾产业链上下游环节的密切关联性和互补性，实施多样化发展，拓展产业的成长空间；在发展成熟阶段要向优质化方向发展转变，把握产业发展新动向，及时做好转型发展准备，确保产业发展的独特性和可持续性。产业扶贫要以扶贫地的自然条件、要素禀赋以及经济水平等为基础。要培养产业造血的功能，最终实现"输血型”向“造血型”功能的转变。重视产业融合，保障可持续性，践行"链条式”延长扶贫策略，推进“特色旅游+”“互联网+”“技能培训+”等扶贫攻坚行动。另外，产业扶贫应具有长效性，工作不会随着2020年脱贫任务完成而终止。这就要求产业要具备生态可持续发展能力，形成贫困区域长期减贫的动力，要让贫困户深入参与到扶贫项目中，全面掌握产业发展的技能与知识，形成脱贫的长效机制。

（四）产业扶贫工作与乡村振兴充分结合

产业扶贫的目标人群是农牧区的贫困人口，责任主体是各级党委政府，而乡村振兴瞄准的是农牧区的广大农牧民，主要依靠一群懂农牧业、爱农牧村、爱农牧民的“三农”工作队以及大量的专业人才。两大战略在实施过程中会因目标群体指向的差异和责任主体的不同，导致相关制度在实施过程中发生导向和功能差异，削弱产业扶贫政策和乡村振兴规划的有效对接。对此，要坚持党的领导，强化实施乡村振兴战略的组织保证；借助乡村地区资源优势发展乡村特色产业，促进乡村经济发展；动员社会力量参与乡村振兴，吸引更多社会资本，改善乡村发展环境；因地制宜、精准施策、循序渐进，科学把握乡村的差异性，突出重点，体现特色，扎实推进乡村振兴；坚持农牧民主体地位，调动农牧民参与乡村振兴的积极性、主动性。

（五）夯实产业发展基础，优化产业发展环境

一是加大力度补齐基础设施短板，对深度贫困地区的乡村道路、通信、能源、水利等基础设施方面进一步完善。特别是要加快发展高速公路、等级公路、通村公路、光缆通信等工程建设，从根本上解决贫困地区交通不便、信息闭塞的问题，让各贫困村的比较优势能够发挥出来，与外部形成信息流、物流、人流、资金流的顺畅流通的局面。二是打造产业发展闭环全链路数字化服务体系。要依托云计算和人工智能技术赋能农牧业数字化生产、智慧物流网络助力农牧产品数字化流通、支付平台提供数字化金融服务、电商及各大超市构成线上线下数字化销售矩阵，提高农牧民手机应用技能，进行短视频社交电商产业培训，让数据成为新农资、手机成为新农具、直播成为新农活，将各种数字助农能力转化为实际操作方案。

（六）完善科技支撑的配套政策

在产业扶贫阶段，各级政府应借鉴脱贫攻坚中的做法，建立科技支撑乡村振兴专项资金，组织农业专家、科技人员深入农业生产一线开展生产培训、技术指导、信息咨询等服务，解决农村地区产业发展中的技术问题，促进先进适用技术成果在农牧地区的转化。同时借鉴科技扶贫的相关做法，引导、支持农牧地区与高校、科研院所建立长期扶持关系或合作关系，尤其是制定好资金来源、人员待遇及利益关系处理等科技支撑的配套政策。

参考文献

［1］2020 年 9 月玉树州曲麻莱县精准扶贫调研整理资料。

［2］中国再保险（集团）股份有限公司对口帮扶循化撒拉族自治县工作纪实（来源：青海日报 2020-08-25）。

［3］2020 年 9 月湟中区精准扶贫调研整理资料。

［4］西宁市湟中区扶贫开发局提供整理数据。

[5] 2020 年 9 月玉树州曲麻莱县精准扶贫调研整理资料。
[6] 海南藏族自治州扶贫开发局提供整理数据。
[7] 2020 年 9 月海西州德令哈市精准扶贫调研整理资料。

第七章　拉面经济扶贫

引言

在青海省脱贫攻坚的过程中，始终面临着严峻的复杂性挑战。无论是地质结构的复杂性，还是自然气候的复杂性，抑或是民族构成的复杂性，都让青海省的脱贫攻坚始终处于较大的压力之下。面对如此严峻的挑战，青海省充分发挥了精准扶贫的中国式智慧，将严峻的复杂性危机，转变为显著的多样性优势，开创了一系列具有前瞻性的优质创新扶贫模式。“拉面经济”是指以小麦、牛羊肉等为主要原料，以青海省海东部农村剩余劳动力为主体，以增加农民收入为目的，以家族式经营为主要经营模式，以地缘和亲戚关系为纽带，以经营“清真拉面”为主营业务的经济行为模式。20 世纪 90 年代后，在少数一批当地群众的带动下，成功开启了青海海东贫瘠山区农民赴内地的“拉面潮”。青海拉面中经营拉面馆的多数为青海海东市区的回族、撒拉族等信仰伊斯兰教的群众，其经营一般都以家庭、亲友或同村等人员共同经营为主，形成典型的亲帮亲、邻帮邻模式。

循化县、化隆县依托拉面经济推动精准扶贫，就是充分利用本土产业优势，弥补复杂性短板，构建差异化发展新路径的创新典型。拉面经济推动精准扶贫，既解决了两县脱贫攻坚的客观难题，也为青海省乃至全国脱贫事业的可持续发展，提供了具有较高参考价值的创新经验。

一、拉面经济扶贫基本情况（个案观察）

（一）化隆县拉面经济扶贫的基本情况

自 20 世纪 80 年代起，化隆县的拉面经济就已开始萌芽。借助第一批拉面人在全国各地的开拓创新，富有青海特色的“化隆牛肉面”，在全国大中城市遍地开花，成为现象级的特色餐饮品牌，“化隆牛肉面”这一金字招牌也正式开启了化隆县拉面经济的新时代。在进入到21世纪后，化隆县依托本土优质的拉面饮食文化，借助人力资源的持续输出，依托国内国外消费升级的发展机遇，积极推动了拉面经济在更大范围内的落地，并切实完成了拉面经济的持续升级，使之适应了新时代的发展新要求。正是具备这种有显著发展优势的拉面经济，才使化隆县真正具备了推动扶贫事业蓬勃向前的强大力量。在化隆县积极开展脱贫攻坚工作，有效解决贫困人口脱贫问题的过程中，相关各方通过拉面经济优势的有效迁移，使具有显著发展优势的拉面经济，为精准扶贫工作提供了更多元的渠道支持、资源支持和市场支持，让本土贫困人口拥有了更高效的脱贫选择，能够借助拉面事业的深度参与，获得脱贫致富的新契机。从近10年的拉面经济发展现状中可以看出，“化隆牛肉面”这一品牌具有较为突出的发展优势。截至到2020年，该品牌年营产值总额高达130亿元，创造了10万余个优质就业岗位，为众多贫困人口的就业发展开辟了全新的渠道。据了解，“化隆牛肉面”这一品牌在近年来的发展过程中，始终具备较强的活力，市场份额不断提高，经营规模逐步扩大，在全国已有18000个优质店面（详情如表7–1所示），在国外也已开设了多家品牌店面。这些经营成就充分表明，化隆县拉面经济具备较强的发展活力，而这种蓬勃的发展活力，正在逐步转化为精准扶贫的不竭动力。

表7–1　化隆拉面实体店分布情况

数形	数量
清真拉面店	1.5万
中发源清真高档餐饮店	32家
巴燕藏餐饮馆	620家
大众拉面餐厅	535家
海外拉面店	29家

资料来源：根据调研资料汇总整理

（二）循化县拉面经济扶贫的基本情况

循化撒拉族自治县隶属青海省海东市，位于青海省东部，地处青藏高原边缘地带，曾于2012年被国家列为扶贫开发工作重点县，并于2018年成为青海省第一批退出贫困县名单的、全国第一个少数民族区域性整体脱贫摘帽的县域。作为该县“大众创业、万众创新”的代表性产业以及实现转移就业、群众增收致富的重要渠道——“拉面经济”在脱贫攻坚战中发挥着至关重要的作用。截至到2020年7月，循化籍劳务人员在全国100多个大中城市经营的餐饮店达7873家，年均从业人员3.6万多人，年均劳务收入5亿元。循化县先后扶持“撒拉人家”餐饮品牌1000家，培育“北京撒拉花儿”“上海骆驼泉”等100家民族餐饮龙头企业，先后实施各类城乡劳动力技能培训13511人，其中贫困户就业技能培训2544人，累计组织引导转移就业23.89万人次，组织引导贫困劳动力转移就业3986人次。循化“拉面经济”扶贫模式正是利用小微企业为主体的经济业态，带动贫困人群参与到扶贫开发中来，共享发展结果。拉面经济作为群众首创、政府引导、市场主导的产业，已形成原料供应、物流、餐饮、技能培训等为一体的产业链。以循化县白庄镇下拉边村为例，全村共411户1716人，劳动力1117人，耕地面积532亩，人均不足0.3亩地，原是全县有名的贫困村，2015年底被确定为精准扶贫建档立卡户的数目为58户247人。为改变贫困局面，村支部向循化县就业部门申请了免费培训项目，先后700人（次）接受了各类技能培训，包括拉面、汽车驾驶等。其中尤以发展拉面经济最为符合村情，截至2016年拉面经济收入达125万元，占总收入的70%，人均纯收入达7840元。

二、拉面经济扶贫的主要做法

拉面经济扶贫并不是通过简单的模式创新来达到扶贫的效果，而是尝试通过“模式＋产业＋保障”的三维创新方式，来构建有益于拉面经济和扶贫事业共同发展的优质生态，进而在相关各方的有效协同下，切实推动了双向发展。这既加速了拉面经济在新时代的有效突破，也实现了脱贫工作在关键时期的决定性胜利。

（一）加强从业人员技能培训

在拉面经济扶贫模式创新的初期阶段，相关各方主要是根据拉面经济以往的发展情况，对其显著的扶贫特色进行了深度研判，指出了拉面经济具有较强回馈能力的特点，这是返乡创业的典型的特征。因此，可以将拉面经济作为重要的动力来源，借助拉面创业，来改善贫困人口的生存现状。在这一想法的推动下，相关各方借助对拉面经济的综合研判，最终构建了拉面经济精准扶贫的创新模式。

根据《海东市精准扶贫拉面“带薪在岗实训＋创业”实施意见》，两县实施了“带薪在岗实训＋创业”计划，以循化籍和化隆籍的开在全国的拉面店为载体，推广精准扶贫“带薪在岗实训＋创业”模式，将精准识别的贫困对象与拉面店对接，帮助贫困人员在拉面店带薪工作的同时接受培训。如果参与者一年内能够成为掌握拉面技艺的合格匠人，政府将给予奖励和行业优惠政策，并最终扶持其成为拉面店老板，积极推进创业就业，实现脱贫致富。具体做法如下：

该模式首先强调“带薪学技术”，建档立卡贫困户可以在本地政府及拉面企业的共同资助下，开展带薪学技术活动。贫困户需要走出本地，进入到全国各地的拉面店，通过店面劳动的方式，获得保障性薪酬，进而在政府监督、企业配合、行业协会有效干预的情况下进行带薪学技术，学习拉面制作的工艺，了解相关餐饮技术。通过1—2年的带薪学习，确保能够掌握拉面的基本工艺，成为一名合格的“拉面匠”。

其次，在掌握拉面技术，成为拉面店的“拉面匠”之后，就需要通过在店服务的方式，持续提高自身的拉面技艺，并坚持“在岗学经营”，向店面老板、行业协会成员以及其他从业者学习如何经营店面，对店面装修、店面管理、物料管理以及卫生管理等要点进行逐步学习。由于化隆拉面经济具有较强的开放性和包容性，非常鼓励从业者进行二次创业，因此，贫困户在在岗学经营的过程中，能够得到相关各方的大力支持，迅速掌握拉面创业的必备知识，甚至能够通过在岗工作的积极表现，获得来自行业协会和拉面店的大力支持。

最后，拉面经济精准扶贫还需要经历“协同开店”的发展阶段。在该阶段，原本的贫困户，已经经历过带薪学习和在岗学习的锻炼，具备了丰富的拉面经营经验，掌握了基本的拉面技术和技巧，具备了独立创业的能力。此时，相关政府部门、行业协会以及拉面企业主就会为拥有创业意识的个体或群体，提供相应的资金支持（例如扶持资金 1–2 万元；参加“带薪在岗实训”满一年以上、掌握拉面技能后被银行评定为信用户并有意愿开办拉面店的贫困对象可以申请 20 万元的信用贷款，由县扶贫部门给予三年全额贴息等）、智力支持和人力支持，并会主动帮助创业者进行证照办理、场地装饰、工具采购、物料管理、卫生管理等，确保创业者能够顺利开店，并切实保障其店面经营的稳定性和品质性。经历过带薪学技术、在岗学经营、协同开店面的良性发展循环之后，一个贫困户家庭就能够借助从事拉面生意，走出贫困阴影，实现个人收入水平的大幅提升。这一创新模式具有极强的复制性，能够在广大的人民群众中间推行开来，且由于拉面经济扶贫的历史非常久远，具有显著的民间口碑，因此，在政府、行业协会以及企业主的多方推动下，新模式很快落地生根，并发挥了其积极的扶贫作用。

（二）构建拉面产业集群体系

化隆县在推动新模式的发展过程中，就以构建拉面产业集群体系为着力点，通过产业园区、电商平台、物流中心以及创业平台的综合推动，切实实现了产业资源在上、中、下游的有效集合，实现了拉面产业集群效应的全面发挥，为产业发展提供了澎湃的动力支持，也让精准扶贫事业得到了全方位的保障。在拉面经济精准扶贫模式落地过程中，想要让该模式保持积极的发展态势，就必须建立稳定的发展基础，确保拉面经济这一核心动力来源能够始终蓬勃向前。

首先，在上游产业集群体系构建过程中，充分利用本土优沃的农牧资源，对拉面经营所需的基本原料，进行了农业生产的全面升级，为相关的企业、农村合作社、农业创业项目等，提供了大量的金融和政策支持，切实打造了一批高质量的牛肉面原材料供应企业，切实筑牢了“化隆牛肉面”品牌的原料根基，使“化隆牛肉面”在全国乃至全球范围的快速扩张过程中，能够始终得到稳定、高质原料的支持。

其次，在以物流运输为主的产业流通阶段，化隆县主要是通过拉面经营主体的有效合力，建立了以拉面产业发展为主导的物流运输体系，获得了更优质的专项物流服务支持，并借助与相关物流企业的深度合作，开发了专为拉面产业服务的物流线路和物流方式。这无疑让拉面经济的物流运输环节更为巩固，也使化隆与全国各地店面的联系变得更为紧密。

最后，在市场运营端，“化隆牛肉面”这一金字招牌正在得到相关各方的共同推动。借助电商平台、广告平台、地方平台以及产业平台的综合运用，“化隆牛肉面”品牌，包括其下属各民族特色品牌，均已在全国范围内进行了全面的推广，并取得了较为理想的宣传效果。“化隆牛肉面”的区域名片效应也愈发显著，这无疑为“化隆牛肉面”的整个产业集群注入了强劲的宣传动力，使产业集群在发展效能上实现了有效的突破。在未来，随着现代传播技术的持续引进和营销环境的不断优化，化隆拉面经济的市场宣传将变得更为多样，更具前瞻性，更能带动产业的正向发展。

（三）扶持推广拉面经济品牌集团化

2015 年，“撒拉人家”餐饮品牌由县就业局属下的“循化县瑞祥劳务服务有限公司”申请注册并统一管理，引导餐饮户走连锁和集团发展的道路。县就业局根据品牌下设各店经营内容和方式的不同（农家院、茶餐厅或拉面馆等类），分别提出不同标准和要求以及装饰风格，并挂出由县就业局统一设计的各类门店标识牌，由各地办事处协助瑞祥公司提供服务和管理。

表 7-2 “撒拉人家”餐饮系列一览表

名称	经营产品
拉面系列	以拉面为主，兼营多种面食、多种小炒以及多种盖浇饭。主要在省外的上海、深圳、北京、杭州等大城市为主的全国各个地区。
茶餐厅系列	主要经营撒拉族传统民族婚嫁、贺喜及接待客人用餐。主要以中华名小吃搅团、面片、羊肉手抓为主，兼营撒拉饼、麦仁饭、散饭等特色小吃。经营范围以循化和西宁地区为主。
农家院系列	以“吃农家饭、住农家屋、享农家乐、观农村山水”为主要经营理念。经营范围以循化和西宁地区为主。

资料来源：根据调研资料汇总整理

2018 年循化县又启动了“撒拉人家”中再集团店项目。项目筹措拉面发展资金 2000 万元，其中：中再集团 1000 万元，省、市、县专项扶贫资金 1000 万元。并将 2000 万元用于担保基金，撬动银行 1 亿元提档升级贷款，重点在北京、上海、广州、深圳、杭州、苏州等 30 个大中城市循化籍拉面店打造多家撒拉人家品牌示范店，促进撒拉人家餐饮业规范化、集群化、品牌化发展，引领其他拉面企业转型升级、提质增效。

（四）健全政策金融双重保障系统

在拉面经济蓬勃发展的过程中，政策保障和金融保障是最为关键的双重保障。为进一步夯实拉面经济精准扶贫的效果，两县积极通过政策层面和金融层面的有效合力，构筑了更具保障性的发展系统。

政策方面，政府通过政策端的持续发力，对扶贫政策、创业政策以及发展政策进行了有力的整合，针对拉面经济扶贫的实际需求，积极予以政策支持，确保个人企业、贫困户以及行业协会等相关各方，都能够获得强有力的政策支持。除了本地政策之外，还积极探索项目发展，与项目所在城市进行政策协同、政策合作以及政策迁移，以确保远赴各地的拉面经济项目能够得到持续的政策推动和政策支持。同时，在各地设立的劳务办事处是县政府委派设立的服务拉面经济的专门管理和服务机构，通过充分利用驻外办事处的组织协调、信息咨询、法律援助等服务，提高了外出务工人员的组织化程度。到目前，政府已在多个务工人员较为集中的城市和地区设立了劳务办事处，并想方设法为其工作人员解决了一定的工资待遇和社保补贴问题，尽可能地调动办事处工作人员的工作积极性，发挥办事处的职能，维护务工人员的合法权益。

金融方面，两县则有各自创新的帮扶政策。化隆县在金融帮扶方面予以了强有力的支援，不仅开通了面向贫困家庭、贫困户的530贷款，还针对拉面经济发展的实际情况，开发了拉面贷，积极整合了经济贷款、扶贫贷款、创业贷款等贷款资源，确保相关各方拥有更多的资金支持。循化县针对扶贫对象融资难、融资贵、担保难、支付经营难等问题，积极衔接县信用联社、邮储银行、农业银行等金融部门和担保公司，通过“三农惠民”、小额创业贷款、“拉面信用卡”等方式，加大资金扶持力度，向具备自主创业能力和创业愿望的城乡青年劳动者提供小额担保贷款，鼓励增开新的拉面馆，减轻创业人员的负担。自2015年以来累计发放创业担保贷款7.8亿元，有效缓解了部分“拉面经济”创业人员资金不足的问题。同时循化县以各类对口帮扶为契机，启动实施了拉面经济提档升级品牌化经营项目，整合各类扶贫资金作为担保基金，与银行合作建立提档升级信贷资金，利用拉面经济大数据平台，精准支持落后拉面店提档升级、规模拉面店打造品牌。

正是拥有了政策和金融层面的强有力保障，拉面经济精准扶贫才得以在持续发展过程中，保持旺盛的活力，并始终展现其独有的价值。

三、拉面经济扶贫取得的成效

（一）带动就业，实现劳动力转移

2015年以来，循化县先后投入1826.44万元实施了各类城乡劳动力技能培训，累计参培13511人，累计组织引导转移就业23.89万人次，其中建档立卡贫困户就业技能培训405人，组织贫困劳动力实现转移就业3986人。

经过持续的拉面经济扶贫工作，化隆县脱贫攻坚工作已取得决定性胜利，境内贫困人口数量清零的目标已初步达成，基于拉面经济所构筑的良性发展体系，贫困人口正逐步摆脱贫困阴影，走向幸福美好的新生活。目前，化隆县拉面经济整体规模高达 130 亿元，从业人数超过 10 余万人，在全球内拥有 18000 多家店面，其中扶贫创业项目也达到了 500 多个。随着拉面经济的蓬勃发展，整体的发展效益还将逐步凸显，越来越多的创业者，将进一步推动拉面经济在更大市场中的不断突破。

（二）产业壮大，实现产业转型升级

循化县通过金融扶持、技能培训等保障措施，先后扶持壮大“撒拉人家”等餐饮品牌 994 家，培育“北京撒拉花儿”“上海骆驼泉”等 100 家民族餐饮龙头企业。“撒拉人家”被评为青海省六大劳务品牌之一，成了该县转移就业的响亮名片。截至目前，循化籍劳务人员在全国经营的各类餐饮实体店达到了 7873 家，遍布国内 200 多个大中城市，从业人员达 4 万余人，年实现销售收入达 80 亿元，劳务收入达 20 亿元。在引导更多的人走出去的同时，推动拉面产业转型升级也是发展拉面经济的重中之重。循化县拉面发展数年以来，发展模式不断丰富，产业链条也越来越完善，并且逐步实现了拉面全产业链闭环。所有拉面经营者努力以拉面产业为龙头，带动本县牦牛和藏羊养殖、小麦蔬菜油料的生产加工、互联网信息调配和物流运输等相关产业发展。同时，依靠政府补贴和相关金融机构的信贷，实现拉面店面的规模化经营和劳动力省外输出，逐步构建以拉面原材料为主的农副产品生产、加工、配送的连续产业链。此外，拉面经济的推广也间接开辟了青海特色牛羊肉和其他土特产品直供直销的绿色通道。

化隆县在推动产业新模式发展的过程中，也以构建拉面产业集群体系为着力点。在有效对接扶贫工作的过程中，化隆拉面经营主体非常乐意与本土贫困人口建立紧密的合作关系，在帮助贫困人口脱贫致富的同时，借助本土优质的人力资源和农产品资源，进一步扩大拉面经济在全国乃至全球的市场占比。这一双赢机制的有效构建，综合本地政府的大力支持，让拉面经济始终具有蓬勃发展的活力，成了脱贫攻坚重要的动力来源。在拉

面经济快速发展的过程中，越来越多的化隆人开始走出县域，进入到全国各地，参与到拉面事业中去，这些人不仅作为拉面店的员工、技师或股东，还有不少贫困人口借助政府的资金支持、政策支持，开始了在新的环境中的创业尝试，越来越多的扶贫经济创业项目，开始在各大城市落地生根。

（三）脱贫摘帽，实现群众增收致富

拉面经济本身就具有较强的回馈效果，是典型的人口密集型产业，在提供优质岗位解决就业问题、拉动人均收入提升方面有着其天然的优势，因此大大提高了拉面经济扶贫的效果。正是在这种有效的协同推动下，拉面经济在长周期内发挥了积极的扶贫作用，让扶贫工作具有了更强的稳定性，这一稳定性不仅坚定了本地人民群众的信心，也让扶贫工作从此步入了动态平衡、可持续发展的新道路。

循化拉面经济带动循化县于 2018 年成为青海省第一批退出贫困县名单、全国第一个少数民族区域性整体脱贫摘帽的县域，帮助群众实现了增收致富的目标。同时，循化县拉面经济也是青海省同发达东南沿海省份互动促进少数民族地区发展的典型案例。拉面经济的成功不仅仅在于带领循化县群众走向了小康之路，更是在于通过这样一种规模经营的方式为大量的贫困人群提供了就业机会，实现了脱贫致富的目标。

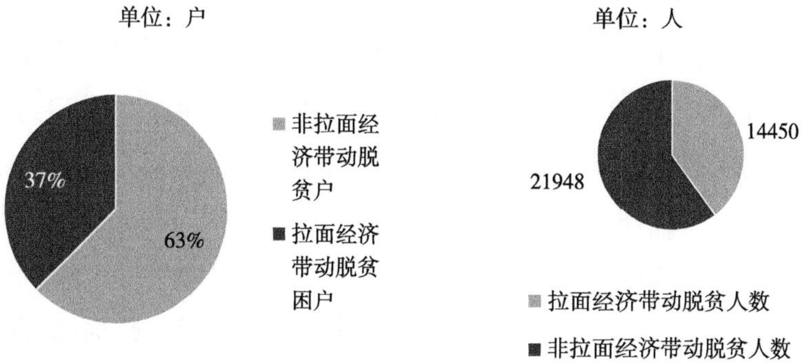

图 7-1　十三五期间化隆拉面经济带动脱贫户数、人数占比情况

在“十三五”期间，化隆县在全国 1096 家拉面店实施“带薪在岗实训”建档立卡贫困对象 4012 人次，建档立卡贫困对象开办拉面店累计达 808 家，实现工资性收入 2.1 亿元，带动 3611 户（占建档立卡总户数的 37.4%）14450 人（占建档立卡总人数的 39.7%），实现脱贫目标（具体如上图 7–1 所示）。在对本地实际情况的调查中笔者也发现，化隆县贫困人口借助拉面经济，往往能够实现更深层次的“摆脱贫困”。在长期的脱贫工作推进过程中，借助拉面技术学习、拉面岗位实践、拉面项目创业的不断晋级，贫困人口能够逐步摆脱经济落后的发展面貌，逐步掌握拉面事业发展的技巧，进而借助自身的努力、政策的支持以及同乡的帮扶，真正在该领域内做出属于自己的成绩和事业，并最终在长周期内实现远离贫困的目标。

（四）本地名片，发扬人文精神

在拉面经济精准扶贫推进过程中，社会效益十分明显，主要表现为向“人心稳、人性彰、人文特质”深刻转变。首先，拉面经济精准扶贫表现出了较强的扶贫效用，切实帮助一大批贫困人群走出了贫困阴影，过上了幸福美好的新生活，这一显著的扶贫成效，进一步坚定了当地群众的脱贫信念，让人心得到了有效的稳定。在未来的发展过程中，当地群众能够以更积极的态度投身于拉面经济之中，这种人心的稳定性，也正是拉面经济不断发展的关键所在。

其次，随着拉面经济扶贫效果的逐步呈现，人民群众的生活品质得到了有效的改善，人们吃苦耐劳的精神得到了显著的发展，人性得到了有效的彰显。特别是在对外发展的过程中，“化隆牛肉面”经营者在道德品行方面的显著优势，得到了各方的一致认可，获得了“广州好人”“大连好人”“中国劳动模范”等众多荣誉。

最后，在拉面经济扶贫工作深入推进过程中，基于拉面经济所表现出来的民族文化、饮食文化、区域文化以及生活文化等，进一步突出了化隆、循化的人文特质，并借助对外和对内的持续交流与强化，使本土特有的人文精神得到了进一步的突出，使区域文化事业得到了蓬勃的发展，也让人民群众的活性得到了充分的激发，为进一步推进发展工作奠定了坚实的基础。

（五）扶贫稳定性强，拉面扶贫持续跟进

自“十二五”时期开始，两县贫困人口数量始终处于稳步的递减之中，在脱贫攻坚阶段更是依托拉面经济的强力支持，实现了区域内贫困人口的有效清零，这主要是因为在持续的脱贫过程中，拉面经济始终为脱贫工作提供了强有力的支持。政府积极运用政策、金融、资源等方面的调控手段，使拉面经济的扶贫作用，得到了充分的发挥，也让本土优质资源切实助力了拉面经济的蓬勃发展，建立了以拉面经济发展为动力引擎的创新扶贫机制。

四、拉面经济扶贫存在的问题

在拉面经济扶贫的过程中，其对本土贫困人群的有效拉动作用十分显著，在持续化解贫困影响方面也取得了非常显著的成效。不过，面临新时代的发展新环境，拉面经济扶贫模式还存在一些明显的短板。

（一）提档升级难

在推动拉面经济发展的过程中，虽然也有提档升级品牌化经营项目，但资金规模相对较小，仅能够用于支持少部分店面建设品牌示范点。实际上，绝大部分拉面店都面临着规模小、不规范、档次不高并且无法获得提档升级经营贷款的问题，同时还面临着更多更有号召力的品牌拉面馆的竞争压力等问题，这些都会在一定程度上影响现存餐馆的竞争能力和盈利能力，也会引起外出务工人员在经营过程中为了自身利益，采取低价竞争等不正当竞争手段的现象，从而引发矛盾纠纷，给输入地社会治安、城市管理等方面带来负面影响，也不利于今后拉面经济的品牌化建设。

（二）连锁化程度低

目前，大部分拉面餐馆的经营管理缺乏现代餐饮企业运作模式，组织化、规模化、连锁化程度较低，品牌效应和市场竞争能力较弱，这制约着拉面经济的发展壮大。虽然“撒拉人家”的品牌建设能够提高拉面经济的连锁化、规模化水平，但是由于资金支持力度不足的问题，品牌宣传打造以及拓展深化等很多工作因经费问题无法实施，进而使其无法充分发挥作用。

（三）政府协调管理经费不足

循化县在管理协调拉面经济的过程中，在各地设立的劳务办事处是县政府委派设立的服务拉面经济的专门管理和服务机构，其主要职能是协调、引导、维权、职业介绍，全力服务于拉面经济发展。但政府在办事处建设上的资金投入有限，目前大部分仍然无办公场所、无交通工具、无工作经费，无法使其充分发挥办事处的管理、服务职能。

（四）与输入地政府沟通不充分

外出务工人员前往输入地开办拉面馆的过程中，经常面临生产经营、证照办理、社会保障、子女就学等方面的困难，这些困难会间接导致以拉面经济为主的劳务输出人数萎缩的问题。因此，省、市级政府层面应加强与各拉面从业人员集中输入地政府沟通，解决拉面从业者的后顾之忧。

（五）人口结构变化带来挑战

这一问题主要是指在我国整体人口结构发生深刻转变的过程中，城镇人口结构也在发生一些深刻的改变。年轻人的数量越来越少，能够奔赴开放市场进行创业的主体不断减少、人力成本也越来越高，在这种情况下，在面临人口结构变化带来的挑战的同时，如何进行拉面经济的持续升级、如何运用智能设备降低经营成本，实现经营突围，也是考验拉面经济品牌持续发展、稳定发展和高质发展的关键难题。但在这一问题的研究上，产业内还未形成有效的解决方案。

五、对策措施

（一）加强信贷支持，推动提档升级和创新创业

通过政府引导，继续与县内金融部门衔接沟通，增强信贷支持，创新金融扶持模式，加大拉面经济小额担保贷款扶持力度，充分发挥县担保公司的平台作用，发放更多拉面扶持贷款。资金应主要用于扶持拉面店提档升级扩大规模，以及增开新拉面馆的部分，以减轻从业人员的资金压力。特别地，精准扶贫户也应给予更多政策支持，对其拉面餐馆经营管理方面的贷款进行利息补贴。

（二）加强品牌宣传建设，推动拉面经济连锁化品牌化发展

继续加强品牌宣传建设，一方面可以通过自媒体、传统媒体等方式进行全方位的宣传，提升拉面经济品牌的影响力和知名度，提高从业人员自发加入“大品牌”之下的意愿。这一举措有助于规范各分散餐馆的经营行为，也有助于推广打造品牌；在全国范围内重点整改无证经营、违法经营的问题，对在经营当中存在的卫生、环保、消防等方面不达标的问题，进行限期整改，着力引导他们依法经营、文明经营、规范经营，在主打“撒拉人家”“化隆牛肉面”等大品牌的前提下，允许发展无数个小品牌，如“撒拉人家茶餐厅”“撒拉人家拉面”等。逐步做大、扩大规模，引导和培育众多的餐饮户创造出更多的特色餐饮品牌。

（三）提高机构服务管理能力，促进拉面经济快速健康发展

在各地设立的劳务办事处是县政府委派设立的服务拉面经济的专门服务机构，目前存在经费不足而无法充分服务于拉面经济发展的问题。应完善办事处组织建设、提高专项经费支持、明确工作任务，定期进行考核，促使他们全力做好信息反馈、协调服务、办证就医、子女入学、人员管理和矛盾纠纷的协调处理以及拉面发展的方向引导工作。

（四）加强从业人员培训，促进行业持续健康发展

首先，加大对两县人力资源的深度挖掘，培养一批具备较高素质的优质拉面人，让这些新时代成长起来的新拉面人，成为推动拉面经济品牌跨上新台阶的中坚力量；让这些接受过高等教育，拥有开阔视野，熟悉市场需求，具备较强服务意识的新从业人员，在新的拉面经济发展和扶贫工作中，发挥更为积极的作用。

在持续加强从业人员的职业技术培训的同时，还应重视对于从业人员法律意识和经营管理理念方面的培训，多开展公共服务活动，促进从业者之间的交流学习。通过加强沟通交流，可以使从业者自发地积极加入拉面行业协会或商会，有利于规范行业发展，发挥行业协会自治的积极作用。

（五）增强与劳务输入地的沟通，保障外出劳务人员权益

拉面从业人员目前仍面临生产经营、证照办理、社会保障、子女就学等方面的困难，要解决这些问题，需要省、市政府层面与劳务输出地政府加强沟通，积极解决问题。

其一建立拉面经营户输出地和输入地共同管理，形成共同服务的合作机制。输出地和输入地政府有关部门应协调相关管理措施，尽量减少和缩短拉面经营户在证照办理过程中的程序和时间，加强对这些特殊群体的服务和管理，并和输出地政府互通情报，切实解决生产经营问题。

其二协调处理从业人员子女在求学方面存在的困难和问题。从业人员外出经营的一个最大特点就是携儿带女举家离乡在外经营，首先遇到的就是子女的上学难问题。对此，两地相关部门应多协调，适当降低入学就学规定，给予随迁子女教育机会。

（六）跟上智能化发展进程，加速产业升级

政府应认识到智能化发展对于产业和扶贫的重要性，并做好前瞻性部署，与国内外的相关企业建立紧密的合作关系，积极推动智能设备的有效

研发，加速拉面产业的技术升级和技术转型，以便通过技术的有效革新，来获得更多的经营优势，确保拉面经济稳健向前，持续输出扶贫动力。

参考文献

[1] 黄军成，高剑芬．“一带一路”视角下金融助推民族地区特色产业发展研究——以青海省循化撒拉族自治县拉面经济为例［J］. 当代经济，2017（29）：76-79.

[2] 海东市人民政府．关于加大培育“拉面经济”特色劳务品牌的建议［EB/OL］.http：//www.haidong.gov.cn/html/383/80585.html.2019-11.11/2021.08.12.

[3] 循化撒拉族自治县人民政府．疫情时期循化县拉面经济发展情况．［EB/OL］.http：//www.xunhua.gov.cn/html/1351/405384.html.2021-08-18/2021.08.20.

[4] 西宁市人民政府．关于进一步推动青海拉面经济发展促进就业创业的实施方案．［EB/OL］.http：//www.xining.gov.cn/zfjg/xnsrlzyhshbzj/zwgk_2413/201805/t20180516_130283.html.2018-05-16/2021-08-20.

[5] 循化撒拉族自治县人民政府．关于印发《循化县巩固脱贫成果实施工作方案》的通知．［EB/OL］.http：//www.xunhua.gov.cn/html/9985/397800.html.2020-03-10/2021.08.20.

[6] 循化撒拉族自治县人民政府．循化县部署“带薪在岗实训 + 创业”工作．［EB/OL］.http：//www.xunhua.gov.cn/html/1351/258283.html.2017-07-12/2021.08.21.

[7] 循化撒拉族自治县人民政府．关于转发循化县 2019 年“雨露计划”短期技能培训实施方案的通知．［EB/OL］.http：//www.xunhua.gov.cn/html/9985/390495.html.2019-10-28/2021.08.21.

[8] 王瑞芳．壮大拉面经济 带动脱贫增收——青海省海东市循化县“拉面经济”带动群众脱贫致富．［EB/OL］.http：//www.china.com.cn/zhibo/content_76852341.htm.2020-10-28/2021.08.21.

[9] 崔其炜．青海化隆“拉面经济”的启示［J］. 西部大开发，2019（03）：134-135.

[10] 韩秀娟．农村劳动力转移与脱贫研究［D］. 南京大学，2018.

[11] 商文莉．民族地区农村剩余劳动力转移就业研究［D］. 青海师范大学，2011.

[12] 马进虎．“拉面经济”与西北穆斯林在东南沿海的发展——以青海化隆回族农民开拉面馆为例［A］. 宁夏回族自治区银川市人民政府．中国回商文化（第二辑）［C］. 宁夏回族自治区银川市人民政府：宁夏社会科学院回族伊斯兰教研究所，2009：12.

[13] 杨志华，李玉峰．化隆回族自治县“拉面经济”成长探析［J］. 中国乡镇企业，2007（11）：80-81.

第八章　电商经济扶贫

引言

《国务院办公厅关于深入开展消费扶贫助力打赢脱贫攻坚战的指导意见》（国办发 [2018]129 号）中提到：消费扶贫，电商为先。根据中国有针对性的扶贫发展战略，农村贫困家庭已大大减少。但是，我国农村地区的贫困状况仍然令人担忧。按照党中央确定的总体目标，到 2020 年，贫困状况可以得到全面改善，多数村庄将脱贫致富，农村贫困人口可以满足基本的生活、文化和教育要求，基础设施建设可以逐步完善。显然，在互联网技术飞速发展的社会环境中，利用电子商务来减轻贫困一直是不容忽视的一种方式。在现阶段，在互联网技术大环境下，许多电子商务巨头已经在农村投资了能源基金。在我国有针对性的减贫目标中，我们需要找到合适的机会。通过电子商务的扶贫工作，我们将把传统的农民和农牧业与当代销售市场联系起来，以尽快摆脱贫困。电商扶贫的应用优势在于：随着社会的不断发展，信息技术不断发展，电子商务普及化的发展趋势变得越来越重要。网络技术的出现极大地改变了每个人的日常生活，也使每个人的工作更加方便。在农村地区，电子商务的好处也是不言而喻的：①方便消费。电子商务使农村客户无需外出就可以购买更丰富、更具成本效益和更高质量的产品。使用网络技术的我国综合模范县的农民工还可以完成服务项目，例如支付费用，收集和发送快递，获取个人求职信息以及购买不容易交付到周围服务点的产品。②增加利润。电子商务可以帮助农业生产者充分利用互联网向世界各地出售农业特色产品和环保产品，摆脱信息不对称的现状，基于质量进行完全定价，并促进当地经济增长。互联网销售网站的创建使农民可以超越时间和空间的限制，并即刻在互联网上与客户进行沟通和协商。谈判成功后，可以通过货运物流将货物运送到客户所在的城市，此举能够节省很多资金。农民还可以在在线平台的基础上，通过实况转播室和小型视频的形式来营销和推广当地农产品，以提高知名度并扩大市场销售。

农产品电子商务可以扩大农村产业的种类并改变原来的单一方法。具体表现如下：①在农产品网上批发市场上。快速传递农林牧业供应信息，协助投资者去当地开拓发展销售市场，基于互联网自动更新农产品的市场趋势和信息，协助农民及时获得商机。②乡村旅游。由于其偏僻或交通不便的地理条件，乡村美丽的自然风光常常不为人所知。在引入电子商务、农业和畜牧业之后，当地的旅游资源可以根据宣传计划和建议，在向外界开放时扩大其声誉和知名度。除了吸引大量的游客，还能营销和推广特色农产品，进而确定当地旅游业的发展趋势。③数据休闲农舍。休闲农舍是许多大城市工作人员周日娱乐和休闲的首选场所。可以利用大数据技术，制作全省休闲农舍状况在线地图，收集休闲农舍基本信息，将休闲、娱乐、餐饮、游戏整合为一体，吸引交通便利的城市居民；制作休闲农舍，获得通用的客户资源，完成大城市和农村地区之间的互动，并促进农民创收。④展示机会。随着互联网技术便利程度的提高，办公空间将不再局限于一线和二线城市。甚至是农村自然环境都可以成为独立创业的空间。长期以来，锁定该领域的自营职业已成为许多电子商务公司的新选择。让贫困和边远地区的农民和企业家获得学习、培训的机会，支持他们和服务平台的连接，并使用互联网技术开展自营职业。电子商务市场的广阔前景可以吸引许多年轻农村妇女和青年创业。⑤投资项目。建立各种政府机构的推广平台，详细介绍经济开发区、制造业基地、经济环境和投资信息网络的总体规划和发展趋势，吸引投资者开展项目投资，生产经营主题活动。然后引进资产，在贫困山区开展装备基础设施建设和产业发展规划。农产品电子商务在促进农业发展，农民增收和农村集体经济发展方面取得了显著成绩。

一、消费扶贫的基本情况（个案观察）

（一）“云上果洛”——青海省果洛州电子商务平台

果洛藏族自治州是青藏高原重要的水源地和生态屏障，素有“雪域净土，秘境果洛”之称，得天独厚的自然环境孕育出一系列绿色、有机、高端、安全的“生态果洛、绿色农牧”特色品牌。

据介绍，果洛展区首次亮相于电子商务平台“云上果洛”。随着数字创新融合步伐加速以及行业信息化建设加快，数字服务贸易已成为最具活力的增长点之一，开展线上“云贸易”将促进企业合作创新、互助共赢，实现云端最大价值。果洛州政府依托产业优势，致力于探索和完善电子商务平台，抓住大数据和互联网的机遇，促进服务贸易业态创新、模式创新。近年来，果洛州玛沁、久治、甘德电子商务示范县建设推进顺利，电商发展势头良好，使该州农畜产品、中藏药材、矿泉水、藏雪茶、黑青稞酒、民族服装、手工艺等特色产业项目推进顺利，年产值突破亿元。生态农牧业产业化培育和发展一批主流特色产业，促进了农村电商发展，为“云上果洛”奠定了深厚的物质基础。

果洛州依托“云上果洛”平台，全面展示果洛数字经济新模式，为国内外企业搭建了自由合作平台，最大化实现了买家和卖家的合作机会，将线下的产品和服务引导到线上展示交易，为数字服务贸易企业和采购商提供信息交流，使雪域果洛不再遥远。

（二）中国社会扶贫网——青海省玉树州电子商务扶贫项目

中国社会扶贫网·三江玉树子站线下服务门店是由玉树州扶贫开发局指导建设的，是负责子网站运营维护以及帮助建档立卡贫困户发布帮扶需求的服务站。中国社会扶贫网是由国务院扶贫办指导建设的社会扶贫网络信息服务平台，依托全国9000万建档立卡大数据库，运用互联网新技术和新模式，为建档立卡贫困户与社会爱心人士、爱心企业之间搭建起互通、互信的互联网桥梁，打造社会扶贫的新平台、脱贫攻坚的新品牌、社会动员的新抓手、社情民意的新窗口。它于2017年7月正式上线，网站首页显示爱心帮扶实时对接数据和贫困户发布的帮扶需求，另外开设扶贫众筹项目栏目、文化扶贫、生态扶贫、电商扶贫、旅游扶贫、扶贫动态等精准扶贫工作栏目。子网站截至2021年9月，玉树州共注册贫困户36183户，形成帮扶资金165782元，发布帮扶需求1741个，完成对接172个，以上数据均显示在实时数据接口一栏。

二、主要做法

（一）制定稳定准确的扶贫发展战略，建立监督制度

1. 落实惠民政策

在现阶段，发展农村电子商务的关键是依靠淘宝、天猫等服务平台。要实现长期稳定的发展态势，必须坚定执行中共中央、国务院办公厅为电子商务扶贫提供的政策支持和资产适用。将电子商务平台的基础建设与贫困人口的社会发展意向相结合，从而产生电子商务在扶贫中的社会效应。在金融业的帮助、财政局的税收优惠政策、项目批准和资产奖励的基础上，农村地区显然吸引了贫困人口参与电子商务。此外，政府部门制定有利于人民的政策时，必须让贫困人口看到更多的权益，才能使其真正参与新的电子商务扶贫项目。其次，当前政策的制定必须是全面的，例如处理农产品的周期性问题，这将在电子商务的发展中引起分阶段的问题。如何更好地利用资源和控制发展前景是政府部门必须考虑的关键问题。

2. 建立全面合理的监管制度

第一步是公开和透明的现行政策，提高政府工作的透明性，并建立专业的管理机构。现行的电子商务扶贫政策是否对困难村村民实施、资产是否得到有效利用，要受到社会各界和农民群体的监督。此外，政府部门还必须监督现行政策的颁布，对于引入的投入资金是否得到有效利用的问题，有必要建立适合当地发展趋势的专业服务平台，而不是只能满足当地困难群众的一时之需。

（二）引进高层次人才，打造产业支撑和塑造基地

在许多调查中，全国农产品电子商务缺乏深入发展趋势的主要原因是缺乏有工作经验的优秀人才。因此，政府部门必须关注具体情况，与高等学校或其他高等院校取得联系，并建立支持服务平台。在整个支持过程中，高校可以将技术传播到农村，也可以培养农村的年轻人或有能力通过学习平台进行学习和培训的其他人，由政府部门提供某些资产补贴。一方面，展示面向大学生的学生就业服务平台。首先是技术应用，其次是对本地人才的培养，政府部门必须提供某些应用程序和好处；另一方面，为鼓励农村青年学习和培训，并鼓励外来务工人员回乡发展趋势产业链，政府部门也要颁发一些政策，使得这些人员可以从现行政策中受益。此外，从当地政府中有针对性地选取扶贫关键人才，他们对地方政府当前的政策、民俗文化和民意有更好的把握，并且更具适应性。

（三）改善基础设施建设，建设电子商务产业基地

1. 完善基础设施建设

要深入开展电子商务扶贫工作，有必要进一步加强农村基础设施建设，主要从以下几个方面展开：一是网络基础设施的建设。互联网建设的改善是网络技术发展趋势的基础。在这个阶段，所有村庄都应该以完成通信为保证，然后完成 wifi 网络的所有应用。为了实现互联网的全面普及，可以根据服务项目的网站从点到面进一步完善。此外，基层人员要充分发挥监督指导作用，政府部门执行现行的奖励政策，在互联网发展趋势中提高每个人的积极性。二是运输基础建设。“如果你想致富，那就先扩大道路。”这一道理早已流行。为了发展电子商务，有必要建立有用的物质流通标准。首先，政府必须提供正确的指导和服务支持，及时调整措施，查看当地产品的特征，根据要传输的产品的特征进行货运物流，并考虑增加冷链物流系统软件，根据具体情况进行大规模融洽。利用规章制度确保农产品交付全过程的质量和合理使用运输设备。另一方面，在建设物流信息平台时，要利用当地的人力资源来增加居民的收入并提高盈利能力。

2. 建设特色电商扶贫产业

在中国南部地区，农产品电子商务产业基地在不断扩大，是全国各地学习的榜样。青海省可以借鉴我国南部地区的经验，创建电子商务产业园区，利用闲置土地建设办公楼，充分完成办公区域的信息管理，并以此为管理中心，建设网络技术公共服务站、货运物流配送管理中心、冷链物流仓库物流管理中心和物流管理服务站。

特色产业园区还可以设立培训中心，并将农村电子商务模式引入工业园区。从淘宝村目前的发展趋势来看，农村电子商务自主经营模式的领导和推广是淘宝村的关键。农村地区应鼓励贫困学生和青年农民工创业，塑造优秀的电子商务人才。农村电子商务的发展还必须重视在线商店的运营，应设计各类解决方案并培训一些负责商店货运物流的优秀人才。在这方面，青海省政府电子商务培训机构就增加了对当地农民的电子商务技术培训。比如在玉树市产业扶贫街设立了“中国社会扶贫网”平台的办公场所，投资 230 万元建立了全藏区首个地方门户网站，开辟“电子商务 + 精准扶贫”创业渠道，使电商扶贫成为促进贫困群众增收的有力支撑。而果洛州则是依托自己建立的“云上果洛”平台，大力发展数字经济，为国内外企业搭建自由合作平台，最大化买家和卖家的合作机会，为数字服务贸易企业和采购商提供信息交流，使雪域果洛不再遥远。

3. 扩大“电子商务”并与其他行业协调发展

一方面，遵循地方特色农业的发展趋势。研究发现，淘宝村的发生和快速发展离不开当地或附近传统制造业的支持。例如，河北省新河县被誉为我国的“羊毛之都”。2016 年，它们的产业链业务规模达到 200 亿元人民币，成为我国最大的羊毛和天鹅绒工业园区；浙江省义乌市青岩柳村主要是在世界上最大的小商品市场 – 义乌小商品城的帮助下，根据许多优秀的电子商务创业项目的介绍，发展了青岩柳村淘宝村。从我国早期淘宝村的发展趋势看，农村传统的支柱产业是电子商务村产生的基本产业链。因此，促进农村贫困山区特色农业的发展，塑造自己的知名品牌，是联系电子商务发展的途径之一。另一方面，电子商务和金融业的融合正在农村地区扩展。按照多方面的能源整合方法，完成了服务点基础建设全过程中资产、机构、物理的深度整合。一是促进金融服务业、网络技术和化学物质及设备与乡镇服务项目的紧密结合，有效地开设门店选址、有效的室内装饰、合理的科研布局、金融业划分区域、电子商务村务管理，都为农村互联网创业展示完善的电子设备、机械设备，确保顺畅的数据连接，提供了保障。二是促进银行贷款业务、电子商务和电子支付等资产的融合。服务点必须在分配和获得精确的扶贫资金使用方面做得很好；监督农业合作社和大型种养户，向有需要的人支付股息和薪水。三是改善金融信息服务和电子商务销售申请处理的组织整合，建立专业的贷款业务点。

目前，我国仍然有许多贫困山区。有数百种不同类型的贫困，也有成千上万种不同类型的贫困原因。根据具体情况，不同的贫困山区有不同的贫困原因。但是，这些贫困地区存在不言而喻的“共同问题”：自然条件恶劣、封闭、过时、交通不便、基础设施建设不足、人民文化水平低下。通常，贫穷的山区总是拥有宜人的自然美景或独特的农产品。但是，由于交通拥堵，当地政府无法灵活利用好资源，这极大地限制了贫困人口的收入方式。针对这一问题，近年来，我国发布了现行的电子商务扶贫政策，致力于促进以电子商务为基础的地方工业发展，以增加居民收入，实现脱贫致富。

三、取得的成效

目前，全省已拥有国家级农牧业产业化龙头企业 11 家，省级 50 家，带动农牧户 50.6 万户，涉及牦牛、藏羊产业的合作组织千余家。全省在工商部门登记、农牧部门备案的 16387 家农牧民专业合作社，辐射带动 50 余万户，其中贫困户占 5% 左右，涉及农、牧、林、渔、服务业等各个产业，辐射到生产、加工、贮藏、运销等各个环节，涵盖粮油、肉蛋奶、果蔬鱼等多种农畜产品生产，并逐步扩展到农机、民间工艺、旅游休闲等多领域。以牦牛和青稞产业为例，全省集中精力发展 110 个生态畜牧业合作社来发展牦牛产业，平均每个合作社带动贫困人口超过 24 户，贫困户人均收入超过 4200 元；龙头企业和园区等通过牦牛产业带动，实现脱贫人口超 2100 户、1 万多人，贫困户通过股份合作实现了长期稳定脱贫。2018 年起，青海省政府投资 7700 万元扶持青稞产业发展，建立了“企业 + 合作社 + 基地 + 贫困户”机制，直接带动种植农户 1000 户 4000 人以上，户均增收 2000 元以上，通过青稞产业的收购、加工、运输、销售、服务等环节间接带动当地农户 3000 户 1 万人左右，对于带动贫困地区农牧民增收发挥了重要作用。

政府在推动文化产业发展和扶贫的过程中，激发了社会各界的参与和学习热情。但是，由于新技术产业主体发展能力不足，文化产业发展中的扶贫风险分担体系没有得到完善。如何提高新兴产业市场主体的积极性、如何明确各市场主体的权利和责任、如何在各市场主体之间形成完善的利益联系网络，将是下一阶段产业扶贫工作的重中之重。企业、农村群体和贫困户是产业扶贫的主体。只有在两者之间架起桥梁，使他们发展成为利益共同体，才能确保扶贫产业的长期、蓬勃发展。

同时，扶贫、脱贫工作使得政府更加注重科技创新。贫困地区工业企业要想在社会主义市场竞争中立于不败之地，就必须高度重视技术创新。为了更好地提高青海省部分地区农牧业产业化的附加值，进一步扩大农业企业的品牌效应，青海省政府通过提高青海省农牧业产业化品牌竞争力和加工副产品综合利用率，积极推进农业企业文化、生产结构和工艺技术创新，努力将生产成本降到最低。

四、存在的问题

（一）过时的基础设施建设

与大城市相比，公路运输，电气设备，应用系统等层次的农产品电子商务基础设施的基础建设仍然不足。这导致了一系列问题，例如传送困难和互联网使用率低下、农产品电子商务的发展缓慢。在现阶段，我国农村地区互联网安装成本增加，困难程度高，回报率低，造成了农村信息网络基础设施不足的问题。另外，农村信息内容自愿服务体系相对较小，信息内容产品的流通不直接、不方便；由于与农产品电子商务合作的银行网点相对有限，农村电子支付的发展趋势也受到制约。

（二）优秀电子商务人才的短缺

首先，青海省农牧区的人民整体受教育水平不高，对互联网应用的了解也很低，他们不能在短期内灵活地使用它们。网络安全知识的覆盖范围很低。其次，尽管农产品电子商务近年来有一定的市场推广，但现阶段其发展趋势水平仍处于较低水平，无法吸引很多优秀的个体经营青年，因此仍然存在比较严重的复合类型人才缺乏问题。最后，很难在农村地区进行电子商务培训。绝大多数农民对互联网技术的应用并不了解，他们对培训效果的认识也不是很明显。

（三）货运物流管理体系不健全

货运物流管理系统的基础建设对于降低运输成本尤为重要。农村公路运输基础设施不足、配套不齐全。运输和物流困难，进一步制约了农产品电子商务的发展。大多数农村家庭都是分散的住所，他们远离城镇，交付成本相对较高。此外，由于物流和运输成本高昂，公司在农产品电子商务中的资本投资也大大减少了。

（四）农业产业化程度低和标准化

现阶段，我国的农产品电子商务尚未产生产业化经营，产业发展趋于弱化，整个产业链较短，大中型骨干企业很少。另外，商品的技术含量较低，大多为农副食品，未经生产加工，不能保证产品质量，市场竞争力不高。

不难看出，农产品电子商务在确保优秀人才、服务体系和完善设备方面仍然存在许多弱点和缺点。在新时代，要促进农产品电子商务的发展和促进农村的致富必须从多个层面进行实践。

五、对策措施

（一）充分发挥政府部门的促进作用

地市政府应积极融入并促进经济增长的新发展，积极促进农村网络技术的发展。完善工作计划，进一步加强对网络技术公司的监管，促进网络技术健康发展；加强当前政策的正确指导，是帮助电子商务企业实体化和网络技术产业集群的关键。根据减税、补贴等优惠政策，吸引大批企业去当地建设电子商务平台，吸引大批农民采用电子商务方式；营造发展趋势氛围，充分利用互联网媒体的作用，并通过模型建立、团队调查等多种方式，即时发布电子商务行业的动态，宣传并规划当前的电子商务发展政策。举办专题讲座，进行交流和多方面的学习与培训。另外，要正确引导网络技术企业依法经营，完善管理方式，提高电子商务经营水平。

（二）加强地方人才培养

现阶段，优秀农产品电子商务人才的供需缺口很大，从业人员缺乏电子商务实践能力和管理经验；许多农民对电子商务的了解程度很低，不了解网络技术的实际操作，从而使自己的农副食品无法立即发布出售。因此，提高对农民、农村创业项目中的年轻人和电子商务从业人员的专业能力的学习和培训非常重要。电子商务扶贫的关键是利用大数据技术服务平台，按照“网络锚定 + 销售”的方式，加快农副食品的在线转化。因此，应加强对电子商务实况转播人才的培训，积极正确地指导贫困家庭进入电子商务创业。这更有利于促进精准政策的实施，使贫困家庭摆脱贫困，实现稳定发展。

（三）完善运输物流管理体系

商品是电子商务减贫的关键，货运物流是电子商务减贫发展的重要组成部分。为了保证货运物流的畅通，解决网络技术商品的运输问题，要积极配合公安、公路运输等部门，使农产品运输更加顺畅。在分配库存过多的农产品的优先选择过程中，确保车辆享受新鲜农产品的“绿色通道政策”。完善农村道路的基础建设，继续扩大农村交通基础建设的范围，使县区道路网结构日趋完善，通行率不断提高，安全系数得到进一步提高。正确引导物流业对贫困山区采取优惠物流和运输费用优惠等现行政策，以进一步解决公司产品运输困难、运输缓慢的问题，完善货运物流配套设施管理体系，并改善商品流通。

（四）完善基础设施建设

基础设施建设关乎农产品电子商务的发展趋势。要加大农村宽带基础设施建设和通信信息管理基础设施建设，进一步扩大农村宽带无线网络的覆盖范围和运营规模，提高农村互联网技术传输效率。进行有效的总体规划，大力推进冷库、速冻冷库等冷链储存运输设备的合理布局和服务体系，提高农产品仓储和冷链物流能力。完善地方电子商务交易平台基础建设。坚持结合本地综合电子商务公司的发展壮大情况，引进具有综合实力的外部电子商务公司，灵活利用本地农产品的区位优势，根据当地农产品电子市场应对农产品营销的难题，在商业平台交易，提高居民收入。

（五）高度重视农产品品牌建设

要扩大农产品的营销方式，必须高度重视农产品品牌的建立。选择合适的高质量类型进行品牌包装和市场推广。开展农产品生产加工，提高产品质量，确保产品安全；进行商品包装，并根据包装保持最佳口味，体现出农产品的独特附加值；增强商品的文化价值，赋予它们深刻的文化和艺术实用意义，可以使农产品在销售市场代理商和客户心中树立丰富的企业形象，并连接互联网时代的农产品营销和推广阶段。

农产品电子商务有许多工作要做，大力推进惠民兴村产业链，深入挖掘农业电子商务的发展潜力，积极推广“互联网技术＋农牧业”新模式，一定会促进农民的创收和扶贫！

（六）充分发挥传统制造业在扶贫开发中的作用，消除贫困，为有需要的家庭提供就近工作的机会

青海省具有十分丰富的自然资源，加之是多民族地区，多民族文化使得省内制造业也具有鲜明的特点，其中尤以民族手工业为代表。开展扶贫工作以来，青海省以保护为主，以产业转型和升级为着力点，在传承民族特色的基础上，使传统手工业与社会发展的趋势相契合。产业一经发展，就会创造大量的工作岗位，青海省传统民族手工业和制造业的发展为当地贫困人口提供了大量的就业机会，同时也为有需要的贫困家庭提供了就近工作的机会。另外，这些产业还免费为贫困家庭提供了场所、技术和机械设备，并能正确指导贫困家庭开办自己的企业。

在定向扶贫产业链新项目中，政府不仅要注重充分发挥传统制造业在扶贫开发中的作用，更要注重资源优势与竞争优势的整合，通过探讨处理方法、制定准公式，来培育有青海特色的农业产业基础。青海省还致力于推动先进制造业和现代服务业的融合发展，培育融合发展新业态、新模式，探索重点行业、重点领域、重点地区融合发展的新路径，推动青海向制造强省转变，促进经济高质量发展。一方面，青海省政府重点推进智能工厂建设、加大工业互联网创新应用范围、推广柔性化定制、发展共享生产平台、提升总集成总承包水平、加强全生命周期管理、优化供应链管理、拓展服务衍生制造、发展工业文化旅游等，通过上述措施加快业态模式创新，释放融合发展潜力，实现制造业、服务业的转型升级。另一方面，青海省政府积极探索重点行业、重点领域融合发展的新路径，鼓励行业间的深度融合，推动形成重点行业高质量发展的新路径。例如在盐湖化工、能源化工、有色冶金、装备制造、新材料、新能源、生物医药、新一代信息技术等行业，政府可以根据行业特点和发展需求，推进服务环节补短板、拓空间、提品质、增效益。在物流、检验检测、研发设计、节能环保服务、平台经济、金融等现代服务业，依托技术和专业化优势，推进制造业服务化。

（七）“扶智”和“扶志”，从根本上转变扶贫方式

就减轻贫困而言，“帮扶志向”意味着激发贫困户积极开展自己事业的主动性，而“帮扶智慧”则意味着提高贫困户在自谋职业方面的劳动技能。“扶贫先扶志”“扶贫必扶智”，政府应注重实效，使扶贫模式从“输血式”变为“造血式”，用更大的力度推进脱贫攻坚。政府需要进一步建立健全扶贫同扶智扶志相结合的制度，完善宣传、教育、培训相协调的机制，不断激发贫困群众脱贫的内生动力，努力使扶贫对象实现从“要我富”到“我要富”的转变。政府应进一步调动贫困群众的积极性、主动性、创造性，不断提高贫困群众发展生产和务工经商的基本技能，不断激发贫困地区和贫困群众脱贫致富的内在活力，不断提升其自我发展能力；重点强调让贫困户从不敢干、不愿干、不会干和等、靠、要的思想观念转变为我要干、我能干，从“要我脱贫”变成“我要脱贫”的思想。教育是阻断贫困代际传递的治本之策。习近平总书记强调，“治贫先治愚，扶贫先扶智。贫困地区教育事业是长远的，必须下大气力抓好。”一个贫困家庭的孩子如果能接受职业教育，掌握一技之长，能就业，这一户脱贫就有希望了。国家教育经费要继续向贫困地区倾斜、向基础教育倾斜、向职业教育，特岗计划、国培计划同样要向贫困地区基层倾斜。

后　记

2015年开始，学院组织部分师生多次赴农牧区就精准扶贫问题进行调研，并取得了一些成绩；2020年，青海省进入脱贫攻坚阶段，此时，我们想对青海省在脱贫中取得的一些成功经验进行调研总结，并依托经济学省级一流专业的建设契机，开设一门专门介绍《青海省精准扶贫精准脱贫典型经验与案例》的课程；前期经济与管理学院的张明院长、杨有柏老师和我多次与青海省扶贫局等相关部门的领导进行沟通，并最终拿出调研方案，暑假我们便开始先后赴玉树、果洛、黄南、西宁、海东、海西、海北、海南等地进行调研，完成调研后我们按分工抓紧撰写调研报告，由于参与写作的每位老师都承担着较重的教学任务，所以最终完成的报告仍然不是特别满意，而且，需要进一步探究的问题可能比已解决或已经回答的问题仍然要多得多，因此，只能选择"次优"，抛砖引玉，以求社会和同仁的批评和帮助，借助大家的力量来改进拙著。

我要感谢青海民族大学经济与管理学院的硕士研究生冶丽丽、明月、王晓芬、傅祥云，她们参与了调研报告初稿的写作任务（具体分工为：冶丽丽负责第一章，明月负责第二章，王晓芬负责第三章，傅祥云负责第五章）；感谢2018级国际经济与贸易本科班的张福海，2019级思想政治教育班的张琼林同学帮我校对；还要感谢各地扶贫、农牧部门的领导，在调研过程中给予了我们很大的帮助，特别感谢韩生贵老师在调研过程中的帮忙，使我们的调研能够顺利完成；另外感谢经济日报出版社的宫婷婷、王浩宇两位编辑，为本书的顺利出版费尽心思，没有两位老师的帮助，本书也不可能顺利出版；最后，我要感谢我的工作单位——青海民族大学及其经济与管理学院。

图书在版编目（CIP）数据

经验与典型：青海省精准扶贫典型个案研究／张明主编．-- 北京：经济日报出版社，2022.7

ISBN 978-7-5196-0992-4

Ⅰ．①经… Ⅱ．①张… Ⅲ．①扶贫-案例-青海 Ⅳ．①F127.44

中国版本图书馆 CIP 数据核字（2021）第 246456 号

经验与典型——青海省精准扶贫典型个案研究

作　者	张　明
责任编辑	张　莹
助理编辑	王　真
责任校对	王　心
出版发行	经济日报出版社
地　址	北京市西城区白纸坊东街 2 号 A 座综合楼 710（邮政编码：100054）
电　话	010-63567684（总编室） 010-63584556（财经编辑部） 010-63567687（企业与企业家史编辑部） 010-63567683（经济与管理学术编辑部） 010-63538621　63567692（发行部）
网　址	www.edpbook.com.cn
E-mail	edpbook@126.com
经　销	全国新华书店
印　刷	北京九州迅驰传媒文化有限公司
开　本	710 毫米×1000 毫米　1/16
印　张	13
字　数	190 千字
版　次	2022 年 7 月第 1 版
印　次	2022 年 7 月第 1 次印刷
书　号	ISBN 978-7-5196-0992-4
定　价	46.00 元